わかる

構造力学

改訂版

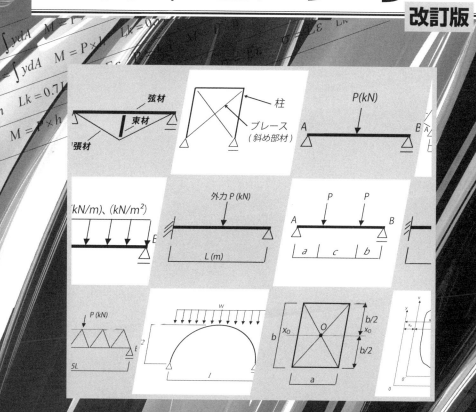

はじめに

　本書を手に取った方にとって「構造力学」は悪夢のような科目でしょう。

　黒板に書かれているよく分からない数式、難しい専門用語。

　「これが何の役に立つのだろう？」と、思っている方も多いのではないでしょうか。

　そう思う理由は、「数式の意味や、専門用語の意味」を知らないからです。

　たとえば、「断面二次モーメント」という構造力学の用語があります。

　この用語の意味は文字を見てもよく分かりません。

　数式で表わすと余計に分かりませんが、断面二次モーメントを「物の曲げにくさを表わす値」と言ってしまえば、すんなり理解できます。

　このように、専門用語や数式の意味について、できる限り数式を使わず説明しています。

　丸暗記していた公式を導く力を身に付けましょう。

　つまり、公式の源流をたどるのです。公式の源流を辿れば、構造力学の本質が湧く泉に出会えるでしょう。

＊

　この本を手にとったあなたが、構造力学に対する苦手意識を少しでも払拭し、「構造力学が分かってきた！」と思ったのなら、著者としてこれほど嬉しいことはありません。

ハナダ　ユキヒロ

わかる構造力学 改訂版

CONTENTS

付録PDFのダウンロード

本書の「サンプル・ファイル」は、下記のページからダウンロードできます。

＜工学社ホームページ＞

http://www.kohgakusha.co.jp/suppor_u.html

ダウンロードしたファイルを解凍するには、下記のパスワードを入力してください。

JePm5tDL

すべて「半角」で、「大文字」「小文字」を間違えないように入力してください。

＜付録PDFの内容＞

- **建築の数学の基礎**

  建築を学ぶために必要な「数学」（算数）の基礎について解説。

- **微分方程式による「撓み」の解法**

  「撓み曲線」を求める微分方程式を使って、「梁の撓み」を求める方法を解説。

- **「対数歪」の求め方**

  「対数歪」の算定法を解説。

第1部

基本編

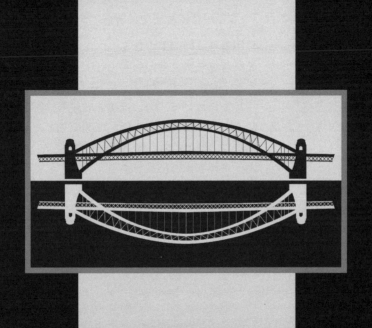

第1章

構造力学とは

　「構造力学」と聞くと、多くの方が「苦手だなあ」と思うかもしれません。

　確かに、授業では数式や専門用語ばかりで、嫌になります。

　少しでも嫌になると、学習意欲が削がれてしまい、より分からない状態になります。

　そんな状態から抜け出すには、少しずつ、「分かった」という感覚を積み上げることです。

　本章では、「構造力学」を学ぶ第一歩として、「構造力学」を学ぶ意義、学習法、構造物について学びましょう。

1-1　用語の定義

本章を読むための、「必要最低限の用語」を定義します。

以降、下記の用語は特に説明なく使うので、ぜひ覚えましょう。

なお、下記に定義されていない用語は、文中で解説します。

・法〇〇条	建築基準法〇〇条のこと
・施行令〇〇条	建築基準法施行令〇〇条のこと
・建築物	土地に定着し、屋根および柱もしくは壁を有するもの
・構造部材（部材）	建築物における、力に抵抗する主要な部分
・構造物	いくつかの構造部材を用いて組み立てたもの
・構造形式	構造物の形のこと。構造部材の組み方、使い方による多様な構造形式がある
・構造材料	構造部材に用いる材料のこと
・外力	部材の外側から作用する力
・鉛直	錘を糸にぶら下げたときの糸の方向、重力の方向
・水平	重力方向と直角に交わる方向（図1.1）

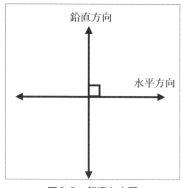

図1.1 鉛直と水平

1-2 「構造力学」を学ぶ意義（価値）

なぜ、あなたは「構造力学」を学ぶのでしょうか。

単位や資格をとるためでしょうか。

ほとんどの人にとって、「構造力学」を学ぶことは「目的」ではなく「手段」だと思います。すなわち、「目的」を達成するための「道具」です。

努力をすれば目的は達成できますし、新しい目的も生まれます。大いに結構です。

ただし、目的だけの「学び」には、目的以上の結果は得られません。

目的に向かって、一直線に進むのみです。

＊

「手段」とか「目的」を排除して学ぼうとすると、そこには「楽しさ」や「面白さ」が必要です。

「学び」に「目的」も「楽しさ」もなければ、苦しいだけだからです。

「楽しさ」や「面白さ」を得る「学び」は、より深く、広く進むことができます。

その代わり、一直線ではなく、上下左右とあっちこっちに進みます。

私は目的をもって学ぶことを否定しませんし、読者の方々に「構造力学を楽しめ」とも言いませんが、楽しく学べたら、それに越したことはありません。

ですから、学びを少しでも楽しむコツを教えます。

それは「少しの分かる（分かった）」という感覚を積み重ねることです。

分かるようになると、楽しくなります。

急にたくさんのことを理解する必要はありません。

むしろたくさんのことを理解するのは大変で、できなかったときに自信を失うので、かえって毒です。

ほんの少しの「分かった」という感覚を大事にしてください。その成功体験があなたの自信を回復する薬になります。

「楽しい」「面白い」と感じる学習の先には、予測もつかない結果が待っています。

このまま「構造力学」にのめり込むかもしれないし、何かがキッカケになって、まったく別の分野に進むかもしれません。

回り道を大いに楽しみましょう。

将来、あなたが建築とまったく関係のない仕事をするにしても、どこかで「構造力学」の知識が役に立つかもしれません。

そこに「構造力学」の学ぶ意義があると思います。

「構造力学」に限らず、学ぶ意義というのは、人生の幅を広げることだと思うのです。

1-3　分からないことを探す

苦手な勉強が進められない方は「内容についていけない、分からない」ということが大きな原因です。

では、あなたは苦手な勉強の「何が分からなくなった」のでしょうか。

大半の人は、この問いに答えられないと思います。

「何が分からないのか、自分でも分からない」からです。

実は、この状況が勉強を進める上で、いちばんの壁です。

逆に「何が分からないのか」を知るだけで、あっさりと分かるようになるでしょう。

たとえば、「単純梁」の反力を求める問題があります。

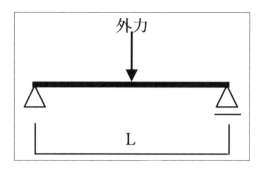

図1.2 単純梁

この問題が分からない人は、何が分からないのでしょうか。

たとえば、

・反力の意味が分からないために、何をすればいいか理解できない人。

・反力は知っているけど計算方法を知らない人。

などです。

　理解できない方の多くは「何が分からないのか、自分でも分からない」状況に陥っています。

　「何が分からないのか、自分でも分からない」のに、「答を理解する」ことは難しいですよね。

　これが、勉強を進められない大きな原因なのです。

　もちろん、無理やり丸暗記して、テストで良い点数をとる人もいるかもしれません。

　しかし、それでは次のステージに進んだとき、さらに膨大な知識を丸暗記しないといけません。

1-3-1　「分からないこと」を知ろう

　では、「何が分からないのか、自分でも分からない」という状況を打開するには、どうすればいいでしょうか。

　いちばん効果的なのは、分からなくなった出発点を追跡することです。

　多くの人は、分からないことが積み重なって、「分からない」状況に陥っています。

　これは、勉強が進めば進むほど複雑に絡まっていく糸のようです。

　それでも分からなくなった出発点を知ることは可能です。

　1つ1つ、絡まった糸を解くように、絡まった思考を解いてやれば良いのです。

＊

　図1.3の問題を例にしてみましょう。

【問題】下図の単純梁に発生する「反力」「曲げモーメント」「剪断力」を求め、それぞれの応力図を描いてください。

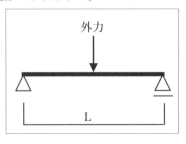

図1.3　外力の作用する単純梁

　この問題を理解してもらうためには、高度な質問からより低度な質問をして、分からなくなった出発点をトレースします（①⇒⑥の順に低度な質問です）。

①「反力」「曲げモーメント」「剪断力」の計算方法は知っていますか？
②応力図の描き方は分かりますか？
③応力の向きは分かりますか？
④「反力」「曲げモーメント」「剪断力」の意味は分かりますか？
⑤用語や記号の意味（支点等）は理解していますか？
⑥四則演算（掛け算、割り算、引き算、足し算）は理解できますか？

　一例ですが、このような質問をします。

　最後は中学生で習ったところまで質問のレベルを下げて、聞いてみます。

　すると、どこで躓いているのか、よく分かるのです。

　より低度な質問を理解できない人のほうが、問題を解くのに時間がかかります。

　また、より丁寧なトレースをすればするほど、問題に対する理解は深まるでしょう。

1-3-2　大切なのは少しの「分かった」

　前述したように、人は成功体験によって自信を取り戻すことができます。

　急にたくさんのことを理解する必要はありません。大切なのは少しの「分かった」です。

　勉強は理解できると楽しくなるのです。

＊

　私の経験を例にしましょう。

　私は学生時代、けっして優秀な学生ではありませんでした。

　むしろ成績は下から数えたほうが早いくらい出来の悪い学生です。

　それでも運が良いことに自信だけはありました。

　テストの点は悪いけど「自分はできる！」という謎の自信。

　自分でもなぜ自信を持てたのか不思議ですが…ともかく、その原点が幸いしました。

　私は参考書を開いて少しずつ「分からない部分」を理解しました。

　そして、理解した内容を弊サイト(以下、HP)で公開するようになりました。

　公開したHPのアクセス数が増えると楽しくなり、それが私の成功体験になりました。

＊

　1つ理解できると、他のことも知りたくなります。

　次々と、学習意欲が沸いてきました。

　同じような話で、40代から仕事が楽しくなるということを聞きます。

　20代は社会人になり右も左も分からない状況ですが、20年経って仕事が理解できる。

　すると楽しくなる、ということだと思います。

1-4　「構造物」を構成する3要素

　1-1節「用語の定義」で解説したとおり、「構造物」は「構造部材」で構成された物ですが、より詳しく説明すると「**構造部材**」「**構造材料**」「**構造形式**」の3つの要素で構成されます。

　たとえば、「構造部材」には、**柱**、**梁**、**床**など、いろいろな種類があります。

　また、「構造材料」は、**木**、**鋼**、**鉄筋コンクリート**、**アルミ**などがあります。

　さらに、「構造部材」の組み方、使い方によって多様な形の構造物が創られます。

　多くの構造物はこれら3要素の組み合わせで分類可能です。

図1.4　構造物を構成する3要素

1-4-1　構造材料

　「構造部材」に用いる材料は、「法37条」に規定されており、木、鋼、コンクリートその他の建築材料で、「**JIS**」（**日本工業規格**）、「**JAS**」（**日本農林規格品**）、「**国土交通大臣認定品**」に適合するものを使います。

　このような規定は、材料に一定以上の品質を確保するためです。

　建築物をつくる以上、どこかで拾ってきたような素性の知れない材料は使えないのです。

　表1.1に一般的な構造材料とその特徴の一例を示します。

　「**構造設計**」では、これらを比較して最も適切な「構造材料」を選ぶことが大切です。

表1.1 「構造材料」の種類

構造材料	構造物の名称	特　徴
木	木構造・木質構造(W造)	日本古来の建築材料のため、落ち着いた雰囲気で好まれる
鋼	鉄骨造・鋼構造(S造)	軽くて高強度・高剛性
鉄筋コンクリート	鉄筋コンクリート造(RC造)	耐火性、遮音性が良い

1-4-2　構造形式

「構造部材」の組み方を工夫することで多様な構造物の形(構造形式)をつくれます。

「構造形式」の違いは、単なる形の違いではなく力学的な違いも生みます。
また、「構造形式」は建築計画にも影響するので、構造の合理性だけで決定できません。

ここで紹介する「構造形式」は、本書で扱う基本的な形式だけです。
実際にはまだまだ多くの構造形式があります。

表1.2 「構造形式」の種類

構造形式	メリット	デメリット
梁構造	力学的に最も簡単	空間をつくれない
ラーメン構造	最も一般的な形式で実績も多い	大スパンには向いていない
アーチ構造	重力に対して自然な構造形式、大スパン構造も可能	曲面であるため床等、一般的な建物に不向き 支点の水平力(スラスト)の処理が必要
トラス構造(ブレース構造)	部材に軸力しか作用しないため大スパン構造に向いている	トラス梁のせい(高さ)が大きくなり、一般的な建物には不向き ブレース材は、意匠的な制約がある

意匠設計者の実現したい形が「構造形式」に表われます。
たとえば、「大空間(広い空間)にしたい」という要望があるのなら、柱をたくさん入れた「ラーメン構造」にはできません。

大空間にできる構造(「トラス」「張弦梁」「シェル」など)を採用する必要があります。

また、優れた建築物の中には、「構造形式」を建築物の外観や内観のデザインとしてそのまま見せることもありますから、構造設計者の腕の見せ所です。

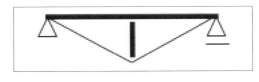

図1.5　張弦梁

1-4-3　構造部材

一般の建築物には、「柱」「梁」「床」「壁」「基礎」などの「構造部材」を配置します。

すべての「構造部材」は「力」に抵抗する役割をもちますが、各部材ごとに役割や形状、配置される方向が違います。

下記に各「構造部材」の特徴を示します。

ⓘ基礎

一般に柱と接続して建築物全体の重さを支える部材です。

重力によって、物の重さは上から下へ伝わります。

ですから、「構造部材」の中でいちばん下(つまり地面の下)にある基礎には、建物すべての重さが作用します。

基礎は大まかに「**直接基礎**」と「**杭基礎**」に分類されます。

ⓡ柱　脚

柱と基礎、地中梁に接合する脚元の部分です。

「鉄骨造」の柱脚は、柱が鉄骨で1階梁や基礎が「RC造」のため、異種構造の接合部となります。

力の流れが複雑であるため、「露出柱脚」「根巻き柱脚」「埋め込み柱脚」など、それぞれ検討が必要です。

なお、柱と梁が接続される部分(柱の上側)を「柱頭」と言います。

㈇柱

縦方向(鉛直方向)に建つ部材です。

柱は、「床」や「人」「家具」などの重さ（**長期荷重**）を支えるほか、「地震」「台風」「大雪」による「力」に抵抗する構造部材です。

㈀梁

横方向(水平方向)に架けられる部材です。

一般に、柱同士の間に架けて柱と一体化します。

「梁」も「長期荷重」を負担するほか、地震、台風、大雪時の「力」を伝える重要部材です。

㈁耐震壁

地震の「力」に抵抗できる壁です。

鉛直方向の配置された1枚の板をイメージするといいでしょう。

耐震壁は「無開口」または「小開口」で（あまり大きな「開口」[※1]は作れません）、柱および「梁」と一体化しています。

一般に、壁の厚さは150mm以上です。

「柱」と比べると断面性能がとても大きく、「地震力」をたくさん負担できます。

※1　開口…壁にあける孔のこと。

㈂スラブ

主に鉄筋コンクリート製の床のことです。

水平方向に配置された一枚の板をイメージしてください。

「床」なので、当然、人や物品などの重さを支えます。

また、スラブに作用する「力」を「梁」へ伝えること、地震力を、「柱」「壁」などの耐震要素に均等に負担させる役割があります。

㈃ブレース

斜め方向に配置される棒状の部材です。

「柱」と「柱」の間に「ブレース」を配置することで、固い構造に（変形を小さく）できます。

屋根や床下に配置するものを「水平ブレース」といい、地震力を柱や耐震壁などの耐震要素へ均等に伝える役割があります。

第**2**章

力

構造物にはさまざまな「力」が作用します。

「力」には、人や物品の「重さ」「地震」「台風」「大雪な
どがあります。

これらの「力に対して、構造物が安全であるように設計
するためには、まずは「力」について理解すべきでしょう。

本章では、「力」の「性質や「計算」「種類について学びます。

2-1 　　　　　　　　　　「力」とは

「**力**」とは、物体に「**変形**」(形の変化)や「**運動**」(位置の変化)を起こす作用です。
たとえば、机の上に静止する本を手で動かします。
このとき本を移動させる作用が、「力」です。

私たちは日常生活の中で、「運動する物体」(例：自動車)を頻繁に目にします。
そして、「運動する物体」を観察し、動く方向に「力」が作用していると、直
感的に知っています。
私たちは「力」を目で見ることはできませんが、物の運動を観察することで、
「力」の存在を確認できるのです。

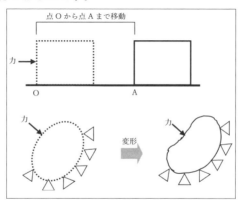

図2.1　力の作用と「変形」「運動」

一方で、「運動していない物体」にも「力」は常に作用しています。

図2.2は机に書籍を積んだ状態です。

机と書籍は静止したままで、「運動」は起きていません。

しかし、「書籍の重さ」によって、「机の天板」は僅かに「変形」します。

「天板の変形」は、「書籍の質量」に伴う「力」が作用するからです。

ところが、ごく僅かな「変形」は視認できず、「力」は目で見えないので、ほとんどの人が「力の存在」を感じ取ることはできないでしょう。

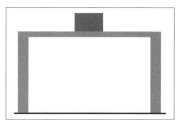

図2.2　力の作用と机の「変形」

私は、この「力は目に見えない」という事実が、「力学」を難しく（あるいは面白く）しているのだと考えます。

仮に"力が目で見えるなら"、「力学」はそれほど苦労しない学問だったかもしれません。

＊

古くから学者や技術者も「見えない力」の存在に悩んできたことが容易に想像できます。

古代ギリシャ時代、学者のアリストテレス（B.C.384-322）は、「物」「人」の「運動」に着目し「運動と運動を引き起こす力の関係」を論じました。

アリストテレスによれば、"物の「運動」"は、

- **強制運動** ⇒ 外部から力が作用して生じる運動（例：物を押す/引くと物が動く）
- **自然運動** ⇒ 自然に生じる運動（例：果物が枝から落ちる、手を放すと石が落ちるなどの自然に起きる落下運動）

に分類されます。

たとえば、机の上にある本を手で押す（あるいは引く）と本は机の上を動き

ます。

　ところが、手で押すのを止めると「本は静止」します。

　これが「強制運動」です。

　アリストテレスはこのような運動を観察し「物が動くのは力が加わっているからで、力が加わり続ける限り、物も動き続ける」と考えました。

　そして「なぜ石を持つ手を離すと、自然に落下するのか」という「自然運動」に関する疑問については、「**目的因**」という考え方で説明しました。

　「目的因」は「何のためになされるかを示す目的が、その事物の存在やその行為を理由づける」という考え方です。

　アリストテレスは、石が自然に落下する目的は「石にとって自然な場所が地球の中心にあり、そこに帰ろうとするからだ」と説明しました。

　もちろん、前述した「強制運動」「自然運動」は、物理学の常識から言えば誤りです。

　ところが、その誤った解釈のまま約2000年が経過し、アイザック・ニュートン（1643-1727）が「万有引力の法則、慣性の法則」などを説明するまで、正しい解釈は認められていませんでした。

＊

　2000年間、多くの学者が「力と運動」の関係を解明できなかった理由の1つとして、"「力」は目で見えないから"ということが想像できます。

　建築物を構成する「部材」（たとえば「柱」「梁」など）には、さまざまな「外力」（外部から作用する力）が作用します。

　さらに、「外力」に抵抗するために、部材に「応力」（部材内部に生じる力）が生じます。

　この目で見えないはずの力（応力）の移動経路を解き明かす学問が「構造力学」と言っても過言ではありません。

2-2　力の三要素

「力」は目で見えませんが、図示すれば分かりやすくなります。

「力」は下記の3要素から定義され「矢印」で図示します。

　下記の3要素を「**力の3要素**」と言い、下記より「力はどのくらいの大きさで、どのような方向、位置に作用するのか？」が分かります。

・力の**大きさ**（図2.3の長さOA）

・力の**方向**

・力の**作用点**（力の作用する位置で**図2.3**に示す点O）

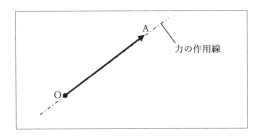

図2.3　力の3要素

「力の大きさ」は、矢印の長さで表わします。

　つまり、長い矢印のほうが大きい力です。

　また、**図2.4**に示すように矢印の元端に「力の大きさ」を「数値」または「記号」で明記します。

「力の作用点」は力の作用する位置であり、「力の作用点」と「方向」を通る線を「力の作用線」と言います。

*

　物理学では「力の作用点」を元端にして矢印を描きますが（**図2.3**）、構造力学では**図2.4**のように矢印の先端を作用点として描くことが多いです。

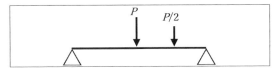

図2.4　構造力学における力の表示

　上記の通り、「力」は「大きさと方向をもつ量(ベクトル)」と言えます。

　図2.5に「力」の大きさが等しいが、「力の作用点」が異なる例を示しました。

　「力の作用点」が上にあるほうが、本を倒しやすいと直感的に分かるはずです。

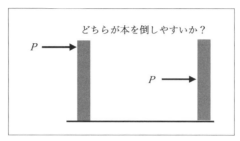

図2.5　作用点の異なる力

　図2.6では、「力の大きさ」「力の作用点」は等しいですが、「力の方向」が異なる例を示しました。

　「力の方向」が真逆なので、倒れる方向も真逆になります。

　以上より、力は必ず「大きさ、方向、作用点」の情報が必要になるのです。

　つまり、力は「ベクトル(大きさと方向を持つ量)」です。

図2.6　異なる方向に作用する力

2-3　力の合成

「力の合成」とは「2つ以上の力を合わせて1つの力にすること」です。
1つにした力を「**合力**」と言います。

図2.7に示す3つの力を足し算すると、「$P+P+P = 3P$」になります。
これは、3つの力Pの合計は「1つの力$3P$に等しい」ことを意味します。

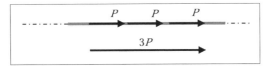

図2.7　同一方向の力の合成

図2.7のように同一方向に作用する「力の合成」は、「力の大きさ」をそのまま加算します。
「力の方向」は加算前と同じです。

また、図2.8のように同一線上に作用する反対向きの力を合成します。
右向きを正、左向きを負の値と考えると、

$P+(-P)=0$

となります。
これは点Oでは合力が0 (作用しない)であることを意味します。

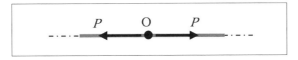

図2.8　互いに逆向きの力の合成
＊

同じ方向の「力の合成」は、「力の大きさ」を足し算すれば算定できました。
では、図2.9のように2つの力が90度の角を成す場合、どのように力を合成すればいいのかを考えます。

前述したように「力はベクトル」です。
2つのベクトルの和は、「始点」と「終点」を結んだ「有向線分」になります。
よって、2つの力の合力は正方形の対角線OAです。

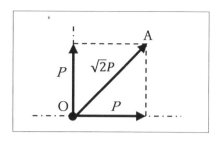

図2.9　90度の角を成す力の合成

また、2つの「力P」と「合力OA」は直角三角形を作ります。

「力の長さ＝力の大きさ」ですから、「合力の大きさ」は「直角三角形の斜辺の長さ」に等しいですね。

斜辺の長さは「ピタゴラスの定理」より、

$$OA = \sqrt{P^2 + P^2} = \sqrt{2P^2} = \sqrt{2}P$$

になります。

上記の考え方を発展させて、2力のなす角度がθの場合における合力を求めます。

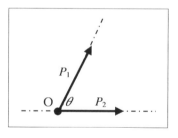

図2.10　任意の角を成す力

繰り返しますが、「力」は「ベクトル」なので、数値を足し算するだけでなく「方向」を考慮しましょう。

始点から終点までの有効線分が合力「P_3」です。

また、**図2.11**のように、「P_1」と「P_2」のそれぞれに平行な線分を描いて平行四辺形をつくると、対角線OAが合力となります。

これを「**力の平行四辺形**」と言います。

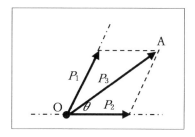

図2.11　任意の角を成す力の合成

合力「P_3」の大きさは対角線の長さです。

図2.12のように直角三角形を作ります。

底辺の長さは「P_2」と「$P_1\cos\theta$」を足したもの、高さは三角比の関係から「$P_1\sin\theta$」です。

「ピタゴラスの定理」から、斜辺の長さ（合力「P_3」の大きさ）は、

$$P_3{}^2 = (P_1\cos\theta + P_2)^2 + (P_1\sin\theta)^2$$
$$P_3 = \sqrt{(P_1\cos\theta + P_2)^2 + (P_1\sin\theta)^2}$$

となります。

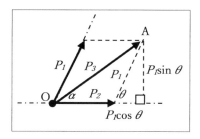

図2.12　任意の角を成す力の合成

また、合力「P_3」の方向は「$\tan\alpha =$ 高さ / 底辺」の関係から α を求めればいいので、

$$\tan\alpha = \frac{P_1\sin\theta}{P_1\cos\theta + P_2}$$

$$\alpha = A\tan\left(\frac{P_1\sin\theta}{P_1\cos\theta + P_2}\right)$$

です。

[例題]

　図2.13の合力を求めなさい。

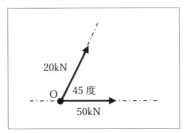

20kN
O 45度
50kN

図2.13　例題2-1

[解説]

　必要な数値を公式に代入すれば合力を求めることができます。

　合力およびその角度は、

$$P_3 = \sqrt{(P_1\cos\theta + P_2)^2 + (P_1\sin\theta)^2} = \sqrt{(20 \times \cos45 + 50)^2 + (20 \times \sin45)^2} \fallingdotseq 65.7\,kN$$

$$\text{※}\sin45 = \cos45 = \frac{1}{\sqrt{2}}$$

$$\alpha_1 = A\tan\left(\frac{P_1\sin\theta}{P_1\cos\theta + P_2}\right) = A\tan\left(\frac{20 \times \sin45}{20 \times \cos45 + 50}\right) \fallingdotseq 12.4°$$

となります。

2-4　力の分解

「**力の分解**」とは、1つの「力」を同等の働きをもつ複数の「力」に分解することです。

つまり「力の合成と逆の操作」と言えます。

分解された力を「**分力**」と言います。

＊

図**2.14**に示す力「P_3」を、2つの力に分解しましょう。

x方向の分力を「P_2」、y方向の分力を「P_1」、「P_2」と「P_3」のなす角を「α」、「P_1」と「P_2」のなす角を「θ」とします。

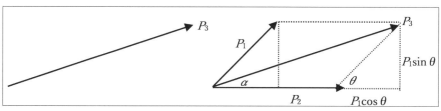

図2.14　力の分解

「力の合成」と逆の操作をすればいいので、合力が平行四辺形の対角線となるように「有向線分」を描きます。

平行四辺形の斜辺、底辺、高さからなる直角三角形の三角比より、「P_1」「P_2」が求められます。

$$P_3\cos\alpha = P_2 + P_1\cos\theta$$

$$P_3\sin\alpha = P_1\sin\theta$$

$$P_1 = \frac{P_3\sin\alpha_1}{\sin\theta}$$

$$P_2 = P_3\cos\alpha - \frac{P_3\sin\alpha}{\tan\theta}$$

[例題]

　図2.15に示す合力を「P_1」「P_2」に分解しなさい。

[解説]

　一般的な問題を解いているので、各式に必要な数値を代入すれば分力を算定できます

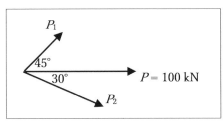

図2.15　力の分解と例題

$$P_1 = \frac{P_3\sin\alpha}{\sin\theta} = \frac{100 \times \sin30}{\sin75} \fallingdotseq 51.8kN$$

$$P_2 = P_3\cos\alpha - \frac{P_3\sin\alpha}{\tan\theta} = 100 \times \cos30 - \frac{100 \times \sin30}{\tan75} \fallingdotseq 73.2kN$$

2-5　　力のモーメント

　消しゴムの上に、定規を消しゴムと「定規の芯」が一致するように置きます（図2.16）。

　次に定規のA点の先端を指で押すと、点Aは点A'に、点Bは点B'に動きます。

　このように、「物体を回転させようとする作用」を、「**力のモーメント**」（**モーメント**）と言います。

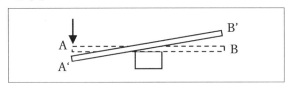

図2.16　力のモーメント

　点Oから「力の作用線」までの「垂直距離」をL、「先端に加えた力」をPとするとき（図2.17）、「モーメントM」の大きさは「力Pと垂直距離Lの積」と定義されるので、

$$M = P \times L = PL \qquad\qquad\text{（式2.1）}$$

です。

　「距離」は「垂直距離」とするので、力が斜め方向に作用する場合、点Oから斜め方向の作用線までの「垂直距離」を「L」とします。

　また、**式2.1**より、「力」または「距離」の値が「0」のとき、「モーメント」は生じないことを意味します。

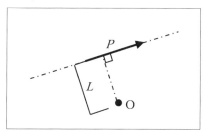

図2.17　モーメントの定義

　また、一般に「梁」は「水平方向」に架けて、「荷重」は「鉛直方向」に作用します。

　よって、**図2.18**に示す「点O」に作用するモーメントの「計算時における垂直距離」とは、力の作用点から点Oまでの水平距離です。

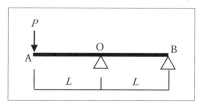

図2.18　梁に作用するモーメント

　「モーメント」の正負は「時計回り」（右回り）を「正」、「反時計回り」（左回り）を「負」の値とします。

　たとえば、点Aに力Pが作用する場合、点Oに関するモーメントは「反時計回り」なので「$M = -PL$」となります。

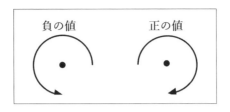

図2.19　モーメントの符号と回転方向

　力の単位は「kN」「N」、「長さ」の単位は「m」「mm」などを用います。

　「モーメント」は「力×距離」ですから、「モーメントの単位」は「kNm」、あるいは「Nm」などを用います。

2-5-1　力のモーメントと私たちの生活

　「モーメントの定義」を読んだところで、「モーメントの大きさ」をイメージするのは難しいでしょう。

　実は、「モーメント」は私たちの生活にとても身近な存在で、知らないうちにモーメントを使ったり、感じたりすることも多いのです。

　たとえば、ボルトやナットを締めるためにスパナを使います（**図2.20**）。

　長いスパナのほうが短いスパナよりも「小さな力で締め付けできる」ことは、直感的にご存知のはずです。

　これは、「回転軸」（ボルトの中心）から作用点までの距離が長くなるほど、モーメントが大きくなるからです。

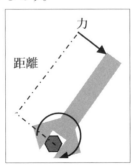

図2.20　モーメントの利用

2-5-2 「偶力」のモーメント

「偶力」は、同じ大きさで、平行かつ反対向きの1組の力です（図2.21）。
「偶力」が作用するとき物体には「モーメント」が生じます。

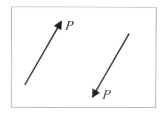

図2.21 偶力

ペンを使って「偶力」によるモーメントを確認しましょう。

ペンの両端を指で持って上向きと下向きに動かすとペンは回転します（図2.22）。物体に回転が生じるので、ペンにはモーメントが作用しています。

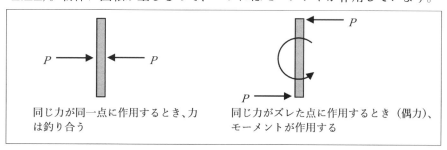

同じ力が同一点に作用するとき、力は釣り合う

同じ力がズレた点に作用するとき（偶力）、モーメントが作用する

図2.22 偶力によるモーメントの確認

図2.23より、偶力「P_c」によるモーメント「M_c」は、偶力「P_c」と偶力の作用線間距離「L」の積なので、

$$M_c = P_c \times L = P_c L$$

で求められます。

さらに、点Oにおけるモーメントを求めると、

$$M = P_c \times x + P_c(L - x) = P_c x + P_c L - P_c x = P_c L$$

になります。

これは、「偶力のモーメント」が位置に関係なく一定の大きさであることを意味します。

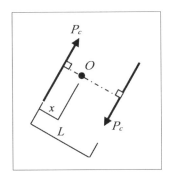

図2.23　偶力モーメントの計算

2-6　物体の「重さ」(重力)と「重心」

　地球上のすべての物体には、地球の中心に引きつけようとする「力」(**重力**)
が働きます。

　重力は物体の質量に比例し、**式2.2**で求めます。

　「W」は重力 (N)、「m」は物体の質量 (kg)、「g」は地球の重力加速度で「約
$9.81\mathrm{m/s^2}$」です。

　なお、「重さ」や「重量」は、「重力」を意味する用語です。

$$W = mg \tag{2.2}$$

　2-7節「建築物に作用する力(荷重)の種類」で解説する荷重(外力)は、ほと
んどが重力に起因します。

　たとえば、「地震力」は建物の重さに比例し、「積雪荷重」は雪の重さそのも
のです。

　また、「台風」(風)は大気圧の差による現象ですが、「大気圧」は空気の重さ
なので、やはり「重力」が関係しています。

＊

　さて、物体に生じる重力は物体の「**重心**」に作用します(**図2.24**)。

　「**重心**」とは文字通り「重さの中心」※なので、「重力の作用線」と「支点」を一
致させれば、1点で物体の重さを支えられます。

> ※「重心」の詳細な解説は、**4-5節**「モーメントの釣り合いと重心」をご覧ください。

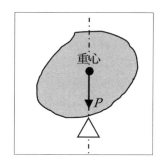

図2.24 重さと重心

この性質を利用すれば複雑な物体の重心位置も分かります。

図2.25のように、糸を使って物体を1点で支えると(吊るすと)、物体は傾きながら静止します。

つまり、物体の重力の作用線と糸を吊るした点が一致したのです。

糸は鉛直方向に垂れていますから、「重心」は必ず鉛直線上を通ります。

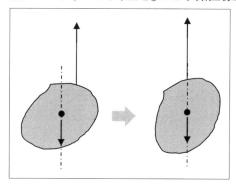

図2.25 重心の調べ方

よって、任意の点で2カ所、物体を吊るしたときの鉛直線の交点が重心位置になります。

「矩形」(長方形、正方形)の重心位置は必ず対角線の「交点」(矩形の真ん中)を通ります。

重心位置の計算方法は**4-5節**や**7-2節**「断面一次モーメント」で解説しますが、「矩形」の重心位置は簡単なので暗記しましょう。

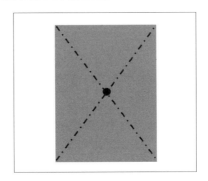

図2.26　矩形断面の重心位置

2-7　建築物に作用する外力（荷重）の種類

「**荷重**」は、建築物に作用する「**外力**」のことです。

人が建築物の室内で活動すれば、人の重さが「荷重」として作用します。

家具や本を置けば、それらの重さが「荷重」となります。

また、日本では毎年のように「地震」「台風」「大雪」などの自然災害が発生します。

これらの自然災害も「荷重」として考慮されます。

このように建築物には、さまざまな「荷重」が作用します。

建築物は想定されるあらゆる「荷重」に対して所定の性能を満足するよう設計されます。

逆に言うと、「荷重」が決まらなければ、建築物の設計はできないのです。

＊

　図2.27のように、「荷重」の種類を「作用する範囲・形態」「作用する頻度」「作用する速度」で分類しました。

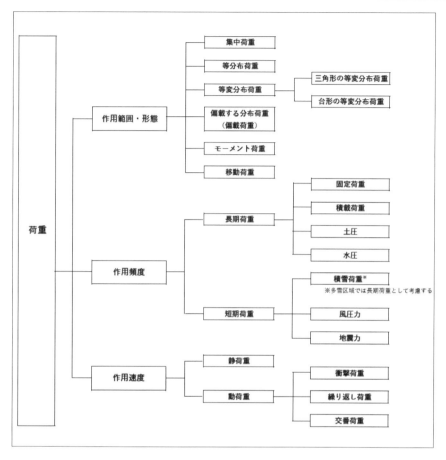

図2.27 荷重の種類

また、上記の荷重は実況に応じて「鉛直、水平、斜めの方向」に作用します(図2.28)。

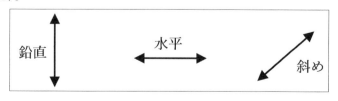

図2.28 「荷重」の方向

2-8　荷重の作用範囲・形態

各荷重の解説と荷重図は**表2.1**の通りです。

表2.1　各荷重の解説と荷重図

種　類	解　説	単　位	荷重図
集中荷重	1点に集中して作用する荷重	kN、Nなど	
等分布荷重	等しく分布して作用する荷重	kN/m、N/mなど	
等変分布荷重	一定の割合で変化して分布する荷重	同上	
三角形の等変分布荷重	三角形状の分布荷重	同上	
台形の等変分布荷重	台形状の分布荷重	同上	
偏載する分布荷重（偏載荷重）	部材のある範囲に作用する分布荷重	同上	
モーメント荷重	1点に作用し、部材を回転させるような荷重	kNm、Nmなど	
移動荷重	移動しながら作用する荷重	kN、Nなど	

分布荷重「w」の単位から分かるように「分布荷重×作用範囲（作用する長さ）」を計算して、「w」の重心位置に作用する集中荷重として扱えます。

なお、分布荷重の形状により重心位置が変わることに注意しましょう。
図2.29に分布荷重から集中荷重への換算例を示します。

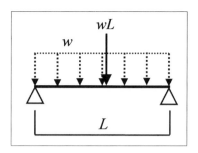

図2.29　分布荷重から集中荷重の変換

＊

　ところで、構造力学の問題では荷重は条件の1つに過ぎないので、荷重について深く考えることはないでしょう。

　しかし、建築物を設計する場合には「集中荷重、分布荷重のどちらが作用するのか」は悩ましい問題です。

＊

　図2.30のように、梁上に質量1000kgの矩形（幅×高さ＝100mm×100mm）の物体が載っています。

　「梁の長さ」に対して「物体の幅」は部分的ですし、重心位置に「集中荷重」が作用すると考えていいでしょう。

　一方で、**図2.31**のように、梁とほぼ同じ長さの物体が載るとしたら、単位長さ当りの荷重（分布荷重）として考慮するほうが適当のように思えます。

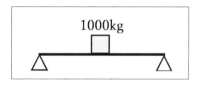

図2.30　集中荷重の例

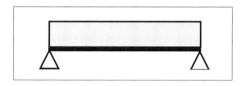

図2.31　分布荷重の例

　では、**図2.32**のように、複数の矩形物体が均等に配置された場合は、どう考えるのでしょうか。

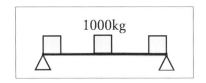

図2.32　集中荷重と分布荷重のどちらか

たとえば、2通りの考え方が思いつきます。

1つ目は複数の集中荷重として考慮すること、2つ目は「wL」が集中荷重の総和と等しくなるような等分布荷重「w」に置き換えることです。

どちらを採用するかは、2通りの荷重条件で梁の「変形」や「応力」などを眺め、検証結果をもとに適当と考えるほうを選びます。

＊

式2.3は、等分布荷重「w」、あるいは集中荷重「P」の作用する単純梁の「曲げモーメント」と「撓み」の式です。

梁の長さ「L」は等しく、「$wL=P$」の関係のとき、両者の梁に作用する荷重の総和は等しいことを意味します。

しかし、集中荷重の作用するほうが、「曲げモーメント」は2倍、「撓み」は1.6倍も大きくなります。

荷重の設定には注意しないといけない、と思える一例です。

$$\text{曲げモーメント}\left(\text{集中荷重の場合}\right) \quad \frac{PL}{4}$$

$$\text{曲げモーメント}\left(\text{等分布荷重の場合}\right) \quad \frac{wL^2}{8}$$

$$\text{撓み}\left(\text{集中荷重の場合}\right) \quad \frac{PL^3}{48EI}$$

$$\text{撓み}\left(\text{等分布荷重の場合}\right) \quad \frac{5\,wL^4}{384EI}$$

（式2.3）

2-9　　荷重の作用頻度

各荷重の解説を**表2.2**に示します。

表2.2　各荷重の解説

種　類	解　説
長期荷重	建築物が在り続ける限り常に作用する荷重
固定荷重	建築物を構成する構造部材や外装・内装材などの自重（自分の重さ）
積載荷重	人や家具などの重さ。居室の用途に応じて荷重の大きさが変わる

表2.2のように「**長期荷重**」は、要するに、建築物そのものや建築物内の人・物品の重さですから、鉛直下向きに作用します。

私たちが日常を過ごす間にも「長期荷重」は絶えず作用します。

部材に荷重が作用すると、部材に「応力」や「変形」などを生じますが、これらの影響が日常を妨げてはいけません。

つまり、「長期荷重」に対しては、部材は構造物を使う上での耐久性、障害に対して問題がないように設計されます。

また、後述する多雪区域では、「積雪荷重」を「長期荷重」として考慮します。

2-9-1　固定荷重

「構造部材」（以下、「部材」）にも質量がある以上、その重さは荷重として作用します。

つまり、構造部材は荷重に抵抗する一方で、荷重として作用するのです。

＊

部材は、建物があり続ける限り、基本的に「位置」や「断面寸法」は変わりません。

また、外壁や屋根などの「外装材」、間仕切壁、天井、内壁などの「内装材」の自重も、取り付けた後建物と同様に存在し続けます。

すなわち、建物に固定された重さは、建築物があり続ける限り常に作用する荷重で、これを「**固定荷重**」と言います。

表2.3に、建築物に用いる主要な構造材料の「**単位体積重量**」を示します。

表2.3　固定荷重例

種　類	単位体積重量 [kN/m³]
鋼	78.5
普通コンクリート	23~24
鉄筋コンクリート	24~25
アルミニウム	27
木	4~10（木の種類により値が異なる）

　部材や「外装・内装材」の自重（自身の重さ）は、材料の「単位体積重量」と「断面寸法の大きさ」で決定します。

＊

　「鉄筋コンクリート」（以下、RC）と「鋼」を比較するとRCのほうが「単位体積重量」は小さいですが、「RC部材」は「鋼部材」と比べて「断面寸法」が大きいので、一般的に「RC造」のほうが固定荷重は大きくなります。

　つまり、断面寸法を大きくすると、断面性能は向上しますが「固定荷重」も増えるため、**3-9-6項**の「地震力」の観点からも、構造的に不合理な結果を招く恐れがあります。

2-9-2　積載荷重

　「積載荷重」は常に作用する一方で、作用位置や大きさに変動のある荷重です。

　たとえば、人や物品（家具など）は、その位置や数は固定されていません。

　このような「重さ」は居室の用途、使い方の実状により変わるものです。

　たとえば、劇場や映画館、集会場は多数が利用する居室のため、床に作用する「重さ」は大きいでしょう。

　逆に、住宅の居室は、基本的に住人のみ利用するので「重さ」は限定的です。

　このように居室の種類に応じて積載荷重の大きさは変わります。

　一般的な居室の「積載荷重」は、建築基準法施行令第85条に示されます（**表2.4**）。

　また、**表2.4**にない居室などは、実状に応じて「積載荷重」を設定します。

表2.4　積載荷重（建築基準法施行令第85条）

室の種類		床・小梁用		大梁、柱、基礎用	地震用
		N/mm2			
a	住居の居室、寝室、病室	1800		1300	600
b	事務室	2900		1800	800
c	教室	2300		2100	1100
d	百貨店、店舗の売場	2900		2400	1300
e	劇場、映画館、演芸場、観覧場、公会堂、集会場その他これらに類する用途に供する建築物の客席	固定席	2900	2600	1600
f	又は集会室	その他	3500	3200	2100
g	自動車車庫及び自動車通路	5400		3900	2000
h	廊下、玄関、階段	c、d、eに掲げる室に連絡する場合はfに同じ			
i	屋上広場又はバルコニー	aによる。ただし学校又は百貨店の用途に供する建築物ではdによる。			

「積載荷重」は床に均等に作用する「分布荷重」（単位平米当たりの荷重）とします。

また、「スラブ」や「小梁」の計算、「大梁」「柱」「基礎の計算」「地震力」の計算で「積載荷重」の値が変わる点に注意が必要です。

2-9-3　短期荷重

各荷重の解説を表2.5に示します。

表2.5　短期荷重

種　類	解　説
短期荷重	まれに（数十年に一度）、または、極めてまれに（数百年に一度）生じる荷重。 積雪荷重、風圧力、地震力など
積雪荷重	雪による荷重（重さ）。屋根に「分布荷重」として作用する。 一般の区域では積雪1cmにつき20N/㎡、多雪区域では30N/㎡の荷重とする
風圧力	風による力。壁や屋根に「分布荷重」として作用する。 風圧力の大きさは、風速、建物の高さ、地表面の状況、屋根・壁形状により決定される
地震力	地震による力。一般に床・屋根に静的な水平力として作用すると考える。 地震力の大きさは各階の建物重量、「層剪断力係数」によって決定する

　日本では地震、暴風、大雪などによる自然災害が数十年、数百年に1度の間隔で発生しています。

このような短期間に作用する荷重を「**短期荷重**」と言います。

「短期荷重」の多くは自然災害に起因しますが、一般的に、複数の自然災害が同時に発生することは考えません(ただし、後述する多雪区域における積雪荷重は除く)。

よって、前述した「長期荷重」と「短期荷重」の組み合わせは、**表2.6**のように示されます(建築基準法施行令第82条より)。

Gは固定荷重、Pは積載荷重、Sは積雪荷重、kは地震力、Wは風圧力です。

一般の地域では、大雪や台風の期間に大地震が起きることは想定していません。

表2.6　荷重の組合せ(建築基準法施行令第82条)

種　類	荷重の状態	荷重・外力の組み合せ	
		一般の地域	多雪区域
長期荷重	積雪時	G+P	G+P+0.7S
短期荷重	積雪時	G+P+S	G+P+S
	暴風時	G+P+W	G+P+0.35S+W
	地震時	G+P+K	G+P+0.35S+K

また、「長期荷重」と異なり、「短期荷重」は水平方向にも作用します。

水平方向の荷重は構造物への影響が大きく、特に地震は過去に甚大な被害を及ぼしてきました。

ただし、「鉄骨平屋建て」では風荷重や積雪荷重が大きな被害を及ぼすこともあります。

「積雪時」「暴風時」「地震時」で、どの荷重が支配的になるのか、全ケースを計算して確認が必要です。

2-9-4　積雪荷重

雪が降ると屋根の上に積雪するため、荷重として考慮します。

豪雪地帯では、「**積雪荷重**」が支配的な荷重です。

多雪区域のように積雪が1m以上となる地域では、屋根上に厚さ120mm以上の鉄筋コンクリート床が載るのと同じくらい大きな荷重が作用します。

[「積雪荷重」の計算例]

・一般的な区域の積雪荷重　⇒　$20\,N/m^2/cm \times 30cm = 600\,N/m^2$

・多雪区域の積雪荷重　⇒　$30\,N/m^2/cm \times 100cm = 3000\,N/m^2$

「多雪区域」とは、**(1)**垂直積雪量が1m以上の区域、かつ、**(2)**積雪の初終間日数の平均値が30日以上の区域と定義されます。

具体的には、山陰、北陸地方、東北、北海道など雪がたくさん積もる地域に多いです。

また、多雪区域では「積雪荷重」(※長期時の0.7倍の値)を「長期荷重」として考慮します。

さらに地震力および風圧力の算定時に「積雪荷重」(長期時の0.35倍の値)を考慮します。

これは「多雪区域では常に積雪荷重が作用し、積雪時には地震や台風が発生する」ことを想定しています。

なお、「積雪荷重」は屋根勾配をキツくする、雪下ろしをすることで値を小さくできます。

2-9-5　風圧力

日本では毎年7月〜10月にかけて台風が頻発します。

「**風圧力**」は、台風などが原因の暴風による力です。

「風圧力」に対して、部材だけでなく、外装材(外壁、屋根)の安全性も確認します。

式2.4に示すように「風圧力」は、さまざまな係数が影響します。

地域ごとに暴風の速度が違います。また、周囲の環境も関係しています。

　たとえば、街中で風が吹く場合と、建物が一切ない場所で風が吹いた場合で、風圧力の大きさは違います。

　さらに、風が構造物に吹いた場合、構造物には外圧と内圧が作用します。外圧と内圧は建物の形状や屋根の角度、建物の閉鎖、開放なども関係します。

＊

　風圧力wは**式2.4**で求めます。

　qは「速度圧」、C_fは「風力係数」と言い、屋根・壁の形状による影響係数です。

$$w = q \times C_f$$
$$q = 0.6 \times E \times V_o^2 \tag{2.4}$$

　速度圧qは**式2.4**で求めます。

　Eは「建物の高さ」や周辺状況による影響係数（ガスト影響係数）、V_oは「基準風速」です。

　「基準風速」とは、過去の台風記録に基づいた風害の程度で、「30m/s〜46m/s」の範囲で定められた値です。

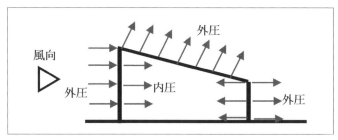

図2.33　風圧力の外圧と内圧の例

　つまり、外壁に風が吹いたとき、その壁は外からの力を受けていますが、建物内部には内からの力が作用します（**図2.33**）。

　これらを「外圧係数」「内圧係数」と呼び、建物の形状によって係数の値が明記されています。

2-9-6　地震力

　地球上では、物体に外力が作用しないとき、静止している物体は静止し続け、運動している物体はそのまま「等速直線運動」を続けるような「慣性の法則(ニュートンの第一法則)」が成り立ちます。

　通常、建物は静止しているため、地震により地盤が揺れると、その上に立つ建物は元の位置に留まろうとします(ニュートンの第1法則)。

　この元の位置に留まろうとする力(慣性力)が、建物に作用する「**地震力**」です。

＊

　慣性力、すなわち「地震力」は、加速度方向と逆方向に作用します。

　地震による揺れは時間と共に変化するので、本来は「動的解析」をすべきですが、コストや複雑な計算が必要になるため、一般的な建物(建物高さ60m未満)では、地震力が静的に作用するものとして計算します。

＊

　また、一般に「地震力」は水平方向に作用する力とします。

　これは過去の地震被害より水平力の影響が大きいためです。

　建築物に作用する地震力Qは、「ニュートンの第2法則」($F = ma$)が大元となって、**式2.5**(建築基準法施行令第88条)より求めます。

$$Q = W \times C_i$$
$$C_i = Z \times R_t \times A_i \times C_o$$

(2.5)

　Wは「地震用重量」(つまり建物の重さ)、C_iは「層せん断力係数」です。

　Zは過去の地震記録に基づく国土交通省が定める値です。

　地震の起きやすさを数値化した値と考えてください。

　R_tは「振動特性係数」、A_iは「地震層剪断力係数」の高さ方向の分布、C_oを「標準剪断力係数」といい、0.2または0.3とします※。

> ※数十年に1度の「地震力」の算定時には、「$C_o = 0.2 (0.3)$」、数百年に1度の「地震力」の算定時には「$C_o = 1.0$」とする

＊

　なお、**図2.34**に示すように地震用重量Wは階高の1/2の重量とします。

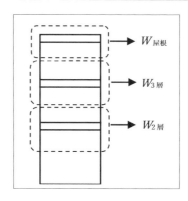

図2.34　建物重量の振り分け方

また、**式2.5**で算定した「地震力」は、床に作用すると考えます※。

※断面積の少ない柱や梁に比べて床の剛性が充分に大きいため。これを「剛床仮定」という。

式2.5より、「地震力」は建物の重量に比例するので、テントのような構造（屋根に膜を用いた構造）では「地震力」の影響は少なく、逆に、材料の密度や部材断面が大きな構造物では「地震力」の影響は大きくなります。

特に「RC造」では、一般に部材による「固定荷重」の影響が大きいです。

つまり、部材断面を大きくするほど自重が増加し、すなわち「地震力」も増加します。

これは「固定荷重」（自重）に対する考え方と共通しますが、断面寸法を大きくして断面性能を高めたとしても、構造的に不合理となる恐れがあります。

2-10　荷重の作用速度

各荷重の解説を**表2.7**に示します。

表2.7　荷重の作用速度と種類

種　類	解　説
静荷重	時間が経過しても大きさが変化しない荷重
動荷重	時間の経過に伴い大きさが変化する荷重
衝撃荷重	急激に作用する荷重。勢いがついて作用する荷重や、機械の振動により作用する荷重
繰り返し荷重	荷重を載荷⇒除荷⇒載荷⇒除荷を一定間隔で繰り返すなど、時間の変化ともに大きさが変化する荷重
交番荷重	繰り返し荷重の1つで、圧縮⇒引張⇒圧縮⇒引張のように、時間の経過と主に荷重の作用方向が逆転する荷重

第3章

構造物の単純化（モデル化）

> 「構造物」は、「柱」「梁」「壁」「床」「基礎」など（「構造部材」または「部材」という）で構成されます。
>
> 「部材」は「幅」「せい」「長さ」のある立体であり、また、空間をつくるため、各「部材」は、さまざまな方法で接合されます。
>
> このような「構造物」の実状をそのまま計算することは非常に複雑なため、「部材」や「接合部」などを「単純化」して計算を行ないます。
>
> ここでは「構造物」を構成する「部材」「基礎」「接合部」の、「単純化」（モデル化）について学びましょう。

3-1　　　　　　　　　　　　部材

「構造物」を構成する「部材」は、「幅」「せい(高さ)」「長さ」のある立体(3次元の図形)ですから、「3次元」の問題として考える必要があります。

しかし、「3次元問題」を解くのは非常に煩雑なため、「工学的な判断」[1]に基づいて、「3次元」(立体)である部材を「2次元」(面)、「1次元」(線)として、比較的簡単に扱います。

※1　たとえば“「柱」や「梁」では「長さ方向の力学特性」(応力や変形など)が卓越し、その他の方向に関する影響は微小で、断面算定などに影響しないから、簡単のため線部材として扱っても、設計上は支障ない”などの判断。

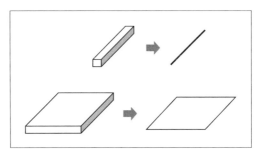

図3.1　部材の単純化

　図3.1に示すように、柱や梁は断面（「幅」と「せい」）に対して「長さ」が充分に大きいため、断面性能をもつ「線」に単純化します[※2]。

　このとき部材の重心軸を通るように「線」に置き換えます（**図3.2**）。

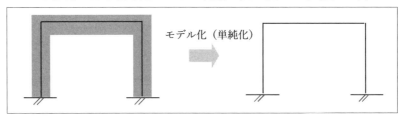

モデル化（単純化）

図3.2　柱・梁の線材置換

> ※2　「部材長さ」をL、「部材断面」をhとするとき、「$\frac{L}{h} = 10$」以上のときに「線部材」と見なすことが多い。

　また、「床」や「壁」は、「厚さ」に対して他2方向の「長さ」が充分に大きいので、「面」として扱えます。

＊

　ここで、「次元」「1次元」「2次元」について整理しましょう。

　「次元」とは空間の広がりを表わす指標です。

　「1次元」は1方向の広がり（長さ）だけを表わすので「線」、「2次元」は2方向（長さ、幅）の広がりを表わすので、「面」と言えます。

　「次元」を「力学」の観点から考えれば、「1次元」は1方向の情報しかもたないので、「線」の部材は「長さ」（距離）の情報だけで、力や変形などを記述できることを意味します（「面」の部材は2方向の情報が必要となる）。

第6章の「静定構造物の反力と応力」や第9章の「梁の撓み」の式を見ると、「距離xだけの関数であることに気づくでしょう。

また、言い換えると、「線」の部材は「長さ」方向にのみ「力」を伝えるのです（図3.3）。

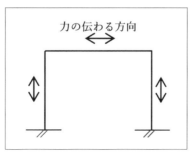

図3.3　「線材」の「力の流れ」

「次元」を1つ落とすごとに情報量が減るので、「3次元⇒2次元⇒1次元」の順で簡単な問題となります。

なお、本書では「1次元」（「線」の部材）の問題のみ取り扱います。

＊

もう少し具体的に、なぜ立体の物体を「線」や「面」として扱うことで計算が簡単になるのか考えましょう。

図3.4のように、「立体」に生じる「応力度」は、「垂直応力度」と「剪断応力度」で、合わせて9方向（実際は、「$\tau_{xy} = \tau_{yx}$、$\tau_{zx} = \tau_{xz}$、$\tau_{yz} = \tau_{zy}$」のため、6方向）に生じます。

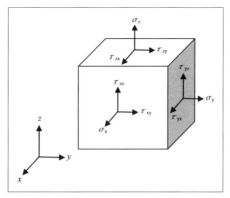

図3.4　物体に生じる「応力度」

また、「歪」も6方向に生じるので、立体の「応力―歪関係」は、**式3.1**のような「マトリクス表記」で表わします[※3]。

$$
\begin{pmatrix} \varepsilon_x \\ \varepsilon_y \\ \varepsilon_z \\ \gamma_{xy} \\ \gamma_{yz} \\ \gamma_{zx} \end{pmatrix} = \frac{1}{E} \begin{pmatrix} 1 & -\nu & -\nu & 0 & 0 & 0 \\ & 1 & -\nu & 0 & 0 & 0 \\ & & 1 & 0 & 0 & 0 \\ & & & 2(1+\nu) & 0 & 0 \\ & sym & & & 2(1+\nu) & 0 \\ & & & & & 2(1+\nu) \end{pmatrix} \begin{pmatrix} \sigma_x \\ \sigma_y \\ \sigma_z \\ \tau_{xy} \\ \tau_{yz} \\ \tau_{zx} \end{pmatrix} \quad (3.1)
$$

「3次元」の「応力―歪関係式」から、「1次元」ではy、z方向の情報がないので**式3.2**のように「応力」と「歪」の関係式を得ます。

$$
\varepsilon_x = \frac{1}{E} \sigma_x
$$
$$
\sigma_x = E \varepsilon_x
$$
$\quad (3.2)$

式3.1と**式3.2**を比較すると、「3次元」の問題がいかに煩雑で、「1次元」の問題がとても簡単に扱えることに気が付くはずです。

*

このように実際の「構造物」や「構造部材」を、「単純化」した状態（モデル）に置き換えることを「**モデル化**」と言います。

言い換えるなら、「モデル化」とは巨視的（全体を見渡そう）に「ものごと」を捉える技です。

実状をありのままに計算すると、どうしても細かい部分に着目してしまいます。

そのため、本当に重要な部分を見逃す恐れがあるのです。

*

また、「構造材料」ごとに材料の特性も変わるので、それらの影響も「モデル化」に反映します。

たとえば、「RC造」の「柱」と「梁」の接合部では変形が起こりにくいと考えられます。

荷重に対して変形する一般部と同様に考えることは不適当なため、**図3.5**

に示すような「**剛域**」(変形しない部分)を設定します。

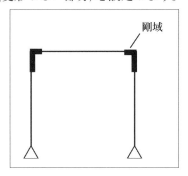

図3.5 剛域を考慮したラーメン構造

※3 なお、**式3.1**は「等方性材料」における「フックの法則」です。
「構造力学」の範疇を超えたテーマ(弾性力学)のため、詳細は省略します。

3-2 接合部

部材と部材を接合した部分を「**接合部**」と言います。

また、前節で「モデル化」した部材と部材が交わる部分は「点」であり、これを「**節点**」と言います。

すなわち、「接合部のモデル化」では、後述する接合部の「拘束条件」、「固さ」(**剛性**)を「節点」に考慮します。

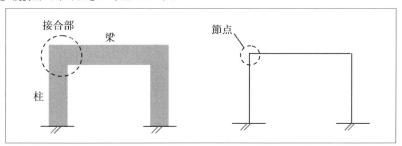

図3.6 「接合部」と「節点」

「接合部」の接合方法には、①**ピン接合**、②**剛接合**があります。

「ピン接合」は、ピン支点のように鉛直、水平方向の移動は拘束されていますが、自由に回転できます。

よって、「ピン接合」された部材は、「鉛直」「水平」方向に力を伝達可能で、

「モーメント」は伝達できません（「モーメント」は「0」となる）。

「ピン接合部」は、**図3.7**のように「白丸」を描いて表わします。

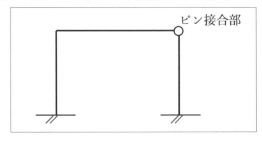

図3.7　ピン接合部
＊

「剛接合」は、部材同士を一体化する接合方法です。

「剛接合部」は、「鉛直」「水平」方向の「移動」と「回転」が拘束されています。

「剛接合」すれば、もともとは複数の部材も、1つの部材として扱えます（**図3.8**）。

また、一般に「ラーメン構造」は「柱」と「梁」を垂直に「剛接合」します（**図3.9**）。

このとき「ラーメン構造」に「荷重」が作用しても、「剛接合」の部分は、「直角」を保ちます。

なお、「剛接合部」は、特別な表記は不要です。

図3.8　剛接合

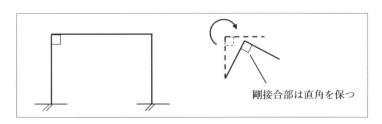

図3.9　「剛接合」と「ラーメン構造」

3-3　基礎

「**基礎**」は、「建築物」を支える「構造部材」です。

「基礎」のように支える部分を「点」として「モデル化」したものを、「**支点**」と言います。

「基礎」がなければ「建築物」として成立しないように、いかなる「構造モデル」も「支点」がなければ成立しません。

＊

「基礎」だけが「支点」になるわけではなく、たとえば、「小梁」は「大梁」に接合するため、「大梁」を「小梁」にとっての「支え」（支点）として考えます（**図3.10**）。

また、「支点」は「モデル化」にすぎません。

図3.11に示すように、実際には「基礎」は「点」ではなく、「面」で支えています。

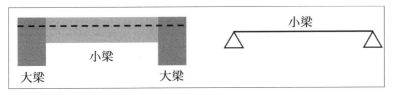

図3.10　小梁の支点

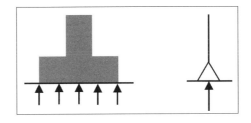

図3.11　基礎と支点

引越しで重い荷物を両手で運ぶことを想像してください。

荷物が落ちないように両手でしっかり「支えている」でしょう。

「荷物の重さ」を両手で支えるには、両手に力を入れて荷物を押し返す必要があります。

このように「支点」には「外力に抵抗する力」が作用し、これを「**支点反力**」または「**反力**」と言います。

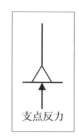

図3.12　支点反力

　荷物を支える手を離すと、荷物はただちに落下します。

　すなわち、「支点」は「部材の移動を拘束する役割」があり、「移動が拘束される方向」には「反力」が作用するのです。

　なお、「支点」の「移動が拘束される」ということは「支点の変位 ＝ 0」を意味します。

3-3-1　「支点」の種類（「ローラー支点」「ピン支点」「固定支点」）

　一般的に、「支点」は**表3.1**に示す3つに分類されます。

表3.1　支点の種類

種　類	解　説	支点・反力図
ローラー支点 **（移動支点、可動支点）**	水平方向は自由に移動し、自由に回転するが、鉛直方向は固定された（移動できない）支点	
ピン支点 **（回転支点、ヒンジ支点）**	自由に回転するが、水平および鉛直方向は固定された支点	
固定支点	水平および鉛直方向は固定され、かつ、回転もできない支点	

　なお、**表3.1**の他に「バネ」の性質をもった支点（「**バネ支点**」または「**弾性支承**」という）があります。

　「バネ」は、ある程度の「固さ」をもっていて、力を加えると「反力」を返しながら変形します。

　つまり、「バネ支点」は、変形しながら力を支えます。

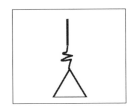

図3.13　バネ支点

●ローラー支点（移動支点、可動支点）

「台車」や「スーツケース」は、「車輪」（コロ）が付いているため、押している手を離しても、勝手に移動します。

現実には、「床と車輪に働く摩擦力」（抵抗力）により、自然に移動は止まりますが、「**ローラー支点**」は水平力に一切抵抗できない、と考えます（**図3.14**）。

＊

図3.15のように、水平力が作用する両端を「ローラー支点」とした「梁」を考えます。

このとき、「ローラー支点」は水平力に抵抗できないので、「梁」は加力方向に移動するでしょう。

図3.15のような構造物は力に対して「静止しない」不安定な構造です。

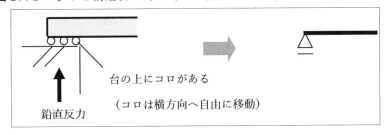

図3.14　ローラー支点

図3.15　不安定な構造

また、**図3.16**のように「ローラー支点」を描く場合、鉛直方向に自由に移動する支点となります。

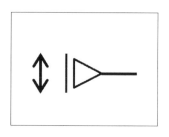

図3.16　「鉛直方向」に移動する支点

●ピン支点（回転支点、ヒンジ支点）

　図3.17のように、「ピン支点」では「水平」および「鉛直」方向に力をかけても移動しません。

水平反力

部材を台の上に乗せるだけ。

鉛直反力

横の移動も固定される

図3.17　ピン支点

　ところが、図3.18のように物体の端部を下向きに押すと、少しの力で落下します。

　このように、「ピン支点」では「モーメント」が作用すると自由に回転します。
　よって、「ピン支点」を用いる場合は、回転して部材が落下しないよう、最低でも2点を留める必要があります。

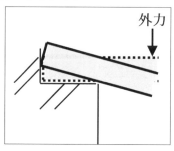

外力

図3.18　物体の回転

●固定支点（固定端）

　「**固定支点**」では水平、鉛直、回転のすべてが拘束されるため、1端を「固定支点」とするだけで構造物が安定します（**図3.19**）。

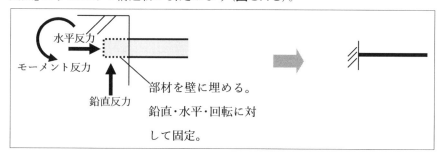

図3.19　固定支点

　その代わり、「支点」には3つの「反力」（「鉛直反力」「水平反力」「モーメント反力」）が作用します。

3-3-2　「支点」の「変位」と「反力」

　表3.2に、「支点」に生じる「変位」「反力」の関係を示します。

表3.2　「支点」の「反力」と「変位」の関係

「変位」と「反力」の種類		ローラー支点	ピン支点	固定支点
変位	水平	あり	0	0
	鉛直	0	0	0
	回転角	あり	あり	0
反力	水平	0	あり	あり
	鉛直	あり	あり	あり
	モーメント	0	0	あり

3-4 　　　　　　　　　　　　構造物

　3-1節で示したように、「部材」は「立体」ですが「柱」や「梁」は「線部材」として扱えます。

　一方で、空間を構成するために「部材」は「立体」に組むので、1つの「居室」を構成するにしても「立体の構造物」となります（**図3.20**）。

　よって「**立体架構**」（架構：材を組み立ててつくった構造物）として計算すべきですが、略算として「**立体架構**」から「**平面架構**」を取り出し、独立した「平面」の構造物として計算することが可能です（**図3.21**）。

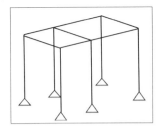

図3.20　立体架構

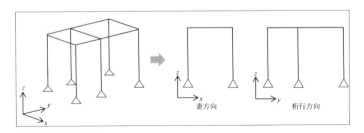

図3.21　平面架構

　このとき「平面架構」には「奥行方向」の「力」「変形」の影響は考えません。

　反対に言えば、「奥行方向」の「力」「変形」が影響する場合に「平面架構」として考える際には、注意が必要です。

＊

　なお、「立体架構」の計算は煩雑なので、通常、構造計算では計算プログラムなどで解析します。

　本書の**第6章**「静定構造物の反力と応力」では「平面架構」の計算について解説します。

第4章

力の釣り合い

> 「力」が釣り合うとき、「物体」は運動しません。
> 当然、私たちの「住まい」や「オフィス」「学校」など、ほとんどの「建築物」は「静止」した状態です。
> 本章では、力の釣り合いの意味、力が釣り合うための条件について学びます。

4-1 力の釣り合い

「物体」に「力」が作用しても、物体が「静止」する（移動も回転もしない）とき「**力は釣り合っている**」と言います。

「力が釣り合う状態」では、「力」および「モーメント」の合計が「0」になります。

通常、「建築物」は勝手に「移動」や「回転」をしません。

つまり、「建築物」に作用する「力」は「釣り合っている」と言えます。

「力」は目で見えず、「静止する建築物」から「力」の存在を確認できませんが、「建築物」には常に「力」が作用していることを覚えておきましょう。

4-2 微小変形理論

図4.1のように「梁（はり）」に荷重が作用するとき、「梁」には微小な「変形」（たわみ）が生じたのち静止します（力が釣り合う）。

よって、厳密には、「梁」の「変形後の状態」（「梁」の断面形状や長さが変わった状態）における「力の釣り合い」などを考える必要があります。

しかし、通常、これらの変形は「部材寸法」に比べて微小であり、影響はごく僅か（わず）かとして、無視します（**微小変形理論**）。

つまり、「梁」の変形前の状態をもとに「力の釣り合い」「歪と変位の関係」などを考えます。

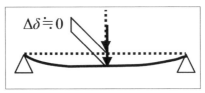

図4.1　微小変形理論

簡単な例をもとに、「微小変形理論」の考え方を学びましょう。

図4.2に示す棒に「引張り力N」が作用するときの変形を「ΔL」とし、「棒の変形前の長さ」を「L」とします。

このとき、「棒の変形量」と「棒の元(変形前)の長さL」との比率「$\Delta L/L$」を、「棒の歪ε」(公称歪)として定義します。

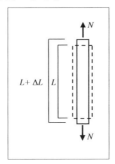

図4.2　公称歪

一方で、「棒の長さ」は「ΔL」を考慮すると「$\Delta L + L$」となり、「変形後の棒の長さ」を基準とする「歪ε'」は「$\frac{\Delta L}{\Delta L + L}$」となります。

このとき、「ΔL」が微小ならば、**式4.1**のように変形前後で「歪」の大きさは概ね等しいといえるでしょう。

$$\varepsilon = \frac{\Delta L}{L} \fallingdotseq \frac{\Delta L}{\Delta L + L} \tag{5.1}$$

式4.1のように微小変形を無視した「歪」(公称歪)は線形な式で表わします。

一方、**式4.1**のように変形を考慮した「歪」(対数歪)は、対数で表わすため非線形の式となります(※「対数歪」の公式の導出は**付録**参照)。

つまり、「微小変形理論」が適用できる場合、より簡単に「力の釣り合い」や変形の問題が解けるのです。

以上のような「微小変形理論」は、「構造力学」の問題を解くための大切な仮定の１つです。

$$\varepsilon' = \ln(1 + \varepsilon) \tag{4.2}$$

※ ln は自然対数 log。を意味する

4-3　　力の釣り合い条件

力は物体を移動(並進運動)させる作用があり、「モーメント」は物体を回転(回転運動)させようとします(**図4.3**)。

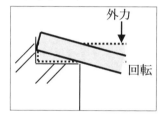

図4.3　力と運動

つまり、物体に作用する「力が釣り合う」ということは

・力の「合力」が「0」になるから移動しない
・「モーメント」の合計が「0」になるから回転しない

ことを意味します。

上記を数式で表わすと**式4.3**になります。

式4.3は、物体の任意の点に作用する複数の力が釣り合う条件式です。

「Σ H」はx方向(水平方向)に作用する「合力」、「Σ V」はy方向(鉛直方向)に作用する「合力」、「Σ M」は「モーメント」の合計を意味します。

$$\Sigma H = 0 \quad \Sigma V = 0 \quad \Sigma M = 0 \tag{4.3}$$

式**4.3**を満足すれば、それぞれの力の「大きさ」「作用線」「方向」が一致しなくても、力は釣り合います。

*

また、**図4.4**のように斜め方向に作用する力は、それぞれx、y方向の成分の力に分解して「力の釣り合い」を考えると簡単です。

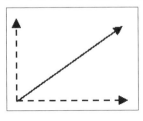

図4.4　斜め方向の力

式**4.3**を基本的な考え方として、**第4章**ではさまざまな構造物の「反力」や「応力」を求めます。

5-3-1　支点反力

「支点」は、力による移動や回転を拘束する役割があります。

一方で、移動や回転を拘束された方向には「反力」が作用します。

このように「支点」に作用する「反力」を「支点反力」(または、単に「反力」)と言います。

表4.1に、「支点」に生じる「変位」(物体の移動に伴う距離)、「反力」の関係を示します。

表4.1より、「変位」が「0」であれば「反力」が生じ、「変位」が生じると「反力」が「0」になることが分かります。

ただし**3-3-1項**で解説した「バネ」(弾性)の性質をもつ「支点」の場合、表の限りではありません。

表4.1 「支点」に生じる「変位」「反力」の関係

「変位」と「反力」の種類		ローラー支点	ピン支点	固定支点
変位	水平	あり	0	0
	鉛直	0	0	0
	回転角	あり	あり	0
反力	水平	0	あり	あり
	鉛直	あり	あり	あり
	モーメント	0	0	あり

4-4 「天秤」の釣り合い(「モーメント」の釣り合い)

　図4.5に示すような、「支点」と「梃※」を用いて物体の質量を比較する器械を、「天秤」と言います。

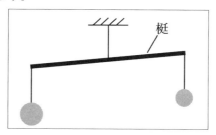

図4.5 天秤

　「天秤」は**図4.6**に示すように、「梁」と1つの「ピン支点」からなる構造物と力学的には同じです。

図4.6 「天秤」のモデル化

　図4.7に示すように、質量「W_A」「W_B」が作用して釣り合うとき、「$\Sigma H = 0$」「$\Sigma V = 0$」「$\Sigma M = 0$」が成り立ちます。

　「ピン支点」での「モーメント」は「0」なので、物体A、Bの重さを「W_A」「W_B」、物体の重心位置から支点までの距離を「L_A」「L_B」とすると、点Oでの「モーメント」の釣り合いは**式4.4**となります。

※ただし、「梃」の変形は考えない

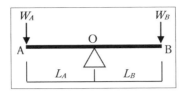

図4.7　「天秤」の力の釣り合い

$$\Sigma M = 0$$

$$-W_A L_A + W_B L_B = 0 \qquad\qquad (4.4)$$

$$W_A L_A = W_B L_B$$

*

点Aを中心に「モーメント」の釣り合いを求めても**式4.4**は成立します。

まずは「ピン支点」の支点反力「R」を求めます。
鉛直方向の力は釣り合うので、

$$\Sigma V = 0$$
$$-(W_A + W_B) + R = 0$$
$$R = W_A + W_B$$

となります。
　なお、下向きの力を負値、上向きの力を正値と考えます。

　点Aの「モーメント」の釣り合いは、

$$\Sigma M = 0$$
$$-(W_A + W_B) \times L_A + W_B(L_A + L_B) = 0$$
$$-W_A L_A - W_B L_A + W_B L_A + W_B L_B = 0$$
$$-W_A L_A + W_B L_B = 0$$
$$W_A L_A = W_B L_B$$

です。

　「$W_A + W_B$」は各重さの「合力」なので、**式4.3**は「合力」による「モーメント」と各部分の「重さ」による「モーメント」の合計が等しい（釣り合う）ことを意味します。

　さて、**式4.3**を比率の関係で表わすと、

$$W_A : W_B = L_B : L_A$$

となります。

　つまり、「天秤」が釣り合うとき、「重さの比率」と「距離の比率」は等しくなければいけません。

　式4.3のように「モーメント」の釣り合いは単純な原理ですが、非常に奥が深いのです。

　図4.7に示す「天秤」が釣り合うとき、重さ「W_A」の値を求めると

$$W_A \times 0.2m = 10\text{kN} \times 1m$$

$$W_A = \frac{100}{0.2} = 50\,kN \tag{4.4}$$

となります。

　「W_A」は「10kN」に対して5倍もの質量でないと釣り合いません。

　見方を変えれば、「10kN」で「50kN」の力を生み出せることを意味します。

　式4.4または小さな力で大きな力を生み出す原理を、「**梃の原理**」ともいいます。

＊

　「天秤」の釣り合いの歴史は古く、古代ローマ時代の技術者アルキメデス（B.C287-212）は、「天秤」の釣り合いから巧みな方法で図形の体積や重心位置を求めました。

　また、アルキメデスは「丈夫な梃と足場（支点）があれば地球でも動かせる」と豪語した逸話が残っています。

　式4.4のような単純な原理ですが、身の回りのあらゆる場面で「モーメント」の釣り合いが利用されています。

　たとえば、「栓抜き」「ハサミ」「クレーンの滑車」――など、これらは「モーメント」の釣り合い(梃の原理)を利用した物です。

　また、**第6章**の「静定構造物の反力と応力」では、「モーメント」の釣り合いから構造物の「反力」「応力」を求めます。

4-5 「モーメント」の釣り合いと「合力」の作用点(重心)

　1つの物体をいくつかの数に分割しても、当然、分割された部分にも「重さ」があります。
　つまり、物体に生じる重力(重さ)は物体の各部分に生じる「重さ」の合計、すなわち「合力」($\Sigma \Delta P = P$)です(**図4.8**)。

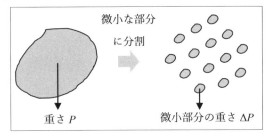

図4.8　物体の重さ

　さて、物体の各部分の「重さ」は各部分の「重心」に作用します。
　よって、物体の「重さ」が作用する点(重心)は、「各部分の重さの合力」の作用点といえます。

　仮に、物体の重心位置に、重力と等しい大きさで逆向きの力で押し返すと、物体に作用する力は釣り合って静止します。
　よって、天秤の釣り合いでの計算と同様に、各部分の重さによる「モーメント」と「合力」による「モーメント」が等しいことを利用すれば、「重心」が算定できるでしょう。

＊

　図4.9に示す物体のx方向の重心を求めましょう。
　L形を2つの長方形に分割すれば、各長方形の「重さ」は各々の「重心」に作用します。

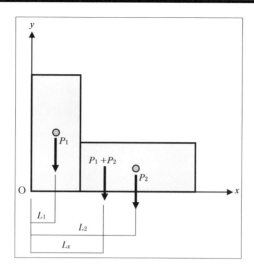

図4.9　重心位置の計算

各部分の重さは「P_1」「P_2」なので、「合力」は「P_1+P_2」です。

「原点O」から「重心」（合力の作用点）までの距離を「L_x」とするとき、「モーメント」の釣り合いは、

$$\Sigma M = 0$$

$$(P_1 + P_2) \times L_x = P_1 \times L_1 + P_2 \times L_2$$

になります。
　上式を「L_x」について解けば、

$$L_x = \frac{P_1 L_1 + P_2 L_2}{(P_1 + P_2)} \qquad (4.5)$$

です。

　式4.5により、「合力」の作用点（重心）を算定できます。

第5章

力と変形

> 物体を引っ張ると伸び、圧縮すると縮むように、力と変形には一定の法則が見てとれます。
>
> また、物体に加えた力を取り除くと物体は元の状態に戻ります。
>
> すなわち、変形は「0」になります。
>
> この性質を「弾性」と言い、弾性をもつ物体を「弾性体」と言います。
>
> ここでは、最も基本的な力と変形の関係である「フックの法則」「剛性（ごうせい）」について学びます。
>
> なお、「梁」の変形（撓（たわ）み）については、第10章「梁の撓み」で詳細に扱います。

5-1 剛体と弾性体

ここまで、**4-2節**「微小変形理論」から、部材の変形は微小なので無視して力の釣り合いを考えてきました。

言い換えれば、力が作用してもまったく変形しない部材と考えたのです。

このように、力が作用しても変形しない物体のことを「**剛体（ごうたい）**」と言います。

第4章「力の釣り合い」、**第6章**「静定構造物の反力と応力」では、部材を「剛体」として「反力」および「応力」を算定します。

一方で、**第8章**「応力度と歪（ひずみ）」、**第9章**「梁の撓（たわ）み」では、部分的に部材の変形を考慮します。

つまり、「構造力学」の理論体系では、都合がいいように「変形」があったりなかったりします。

なぜこのような矛盾を受け入れているかと言えば、問題をより簡単にした

うえで、可能な限り真の解に近づくためです。

　逆に言うと、それらの矛盾があまりにも大きくなる場合、解に近づくどころか離れてしまいます。

　構造力学は、万能ではなく、適用範囲があることを覚えておきましょう。

　「剛体」はあくまでも理想的に考えた物体であり、実際は力によって必ず変形します。

　たとえば、消しゴムを引張り、曲げると、その力に応じて変形します。

　ところが、力を取り除くと直ちに元の状態に戻ります。

　このような性質を、「**弾性**」と言い、弾性をもつ物体を、「**弾性体**」と言います。

5-2　　「フックの法則」と「弾性」

　物体の「弾性」を示した人物が、ロバート・フック（1635-1703）です。

　フックは実験によって「力の大きさ」と「変形の大きさ」の関係、「弾性」を示しました。

　フックによれば、

> すべてのバネについて次の自然法則あるいは自然法がある．バネを粗の状態，言い換えればバネの一部を他部分から離すようにする，またあるいは，バネを密の状態に締めるなどして生じた**自然状態よりの変位とか間隙の大きさと，バネを自然の位置に戻そうとする力とは比例する**．この法則はバネについてのみ観察されるというものではなく，金属，木，石，レンガ，毛髪，角，絹，骨，筋肉，ガラスなどの**すべての弾力性のある物体について言える**ことである．また**曲げを受けた物体の形や曲げる方法によらず，やはりあてはまる**．（以下略）

と言います[5]。

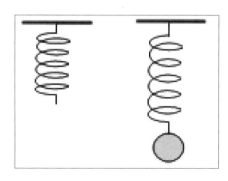

図5.1　バネの変形

　前述のように、「弾性体」における力と変形は比例関係にあり、これを「フックの法則」と言います。

　「力」が作用すると「変形」し、「力」を取り除くと「変形」は「0」になるのですから、「力」と「変形」の関係は**式5.1**で示されます。

　「f」は力、「k」はバネの固さ（「剛性」または「バネ定数」と言う）、「x」は変形量です。

　なお、「k」の単位は単位長さ当たりの力で「N/cm」「kN/cm」などを用います。

$$f = kx \tag{5.1}$$

　式5.1より「k」が大きいほど変形量「x」は小さくなります。

　つまり、バネが固くなるほどバネの伸びは小さいことを意味し、これは直感的にも理解できます。

　fを縦軸、xを横軸にすると**図5.2**のような一次関数が描けます。

　この直線の傾きが「k」となり、「k」は一定の値ですから、「力の大きさ」または「変形の大きさ」の一方が既知であれば、他方を算定できます。

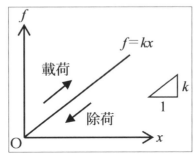

図5.2　フックの法則

　「弾性体」に力を加えると**図5.2**の載荷の方向に線を描け、力を取り除くと除荷の方向に線が描けます。

　また、**式5.2**を応力度「σ」と、歪「ε」の関係に置き換えると、

$$\sigma = E\varepsilon \tag{5.2}$$

が得られます。

式5.2の「E」を「弾性係数」、あるいは式5.2を示した人物トーマス・ヤング(1773-1829)の名をとって「ヤング係数」と言います。

＊

式5.2および「弾性係数」などは、第8章「応力度と歪」で詳しく解説します。

また、力を加えると変形し、力を取り除いても元の形に戻らず変形が残ることを「塑性」と言います。

材料は必ずしも「弾性」の性質のみもつわけではなく、「応力度」の増加に伴い「弾性状態」から「塑性状態」に移行します。

材料が塑性してからは、「応力度」と「歪」に式5.2のような比例関係は成り立ちません。

「応力度」と「歪」の関係は、8-7節「鋼の応力度と歪の関係」でも詳しく解説します。

5-3　重ね合わせの原理

荷重「P」が作用して変位量「δ」が生じるような部材について、同一の部材に荷重「$2P$」が作用するときの変形量は「$2P \times \frac{\delta}{P} = 2\delta$」のように計算できます。

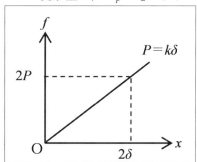

図5.3　重ね合わせの原理

図5.3に示すように力と変形は比例関係にあるので、「$2P = P+P$」と考えて、「P」による変形量を個別に求めて和を求めても同じ結果になります($\delta+\delta = 2\delta$)。

このように、2つ以上の入力に対する応答が1つずつの入力に対する応答の総和で表わせる原理を、**「重ね合わせの原理」**と言います。

＊

「重ね合わせの原理」は図5.3に示す線形な関係の解析にのみ成立します。

　たとえば、力と変形が比例関係にある部材などです。

　一方、**図5.4**のように非線形な材料では部材の解析に「重ね合わせの原理」は適用できません。

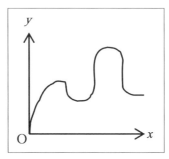

図5.4　非線形の例

　「重ね合わせ」の原理を用いれば、**図5.5**に示す「梁」に複数の荷重が作用するときの点Aの変位量「δ」は、荷重条件を分解して個別に求めた変形量の総和（$\delta = \delta_1 + \delta_2 + \delta_3$）を求めればいいのです。

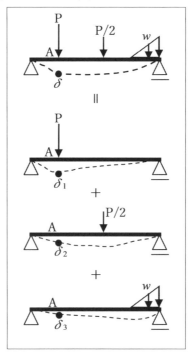

図5.5　「撓み」の重ね合わせ

「重ね合わせの原理」は「梁」の変形（撓み）の算定だけでなく、「反力」や「応力」の算定にも役立ちます。

また、簡単な「不静定梁」であれば、「重ね合わせの原理」によって解を算定できます。

5-4　【例題】バネの伸び

「フックの法則」を用いて、**図5.6**に示すバネの伸びを計算します。

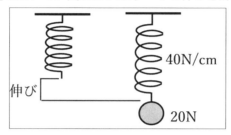

図5.6　例題5.4

「バネ定数＝40N/cm」「f＝20N」なので、**式5.1**より、

バネの伸び　$x = 20N \div 40N/cm = 0.5cm$

となります。

*

次に、**図5.6**に示すバネに「10 N」を加えたときの伸びを求めてください。

なお、「バネの固さ」は**図5.6**と同等とします。

「$x = f / k$」より、

バネの伸び $= 10 \div 40 = 0.25cm$

となります。

5-5 【例題】直列につないだバネ

個々のバネを直列につないで、先端に「重り」をつけて吊り下げます。

バネが静止するとき、直列につないだバネ全体のバネ定数「k」を求めます。

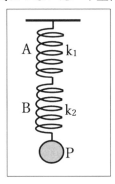

図5.7　例題5.5

バネA、Bのバネ定数を「k_1」「k_2」、全体のバネ定数を「k」とします。

物体の重さ「P」によりバネには引張力「P」が作用するとき、バネに作用する力は釣り合うので個々のバネにも引張力「P」が生じます。

バネA、Bに生じる変形は**式5.3**より、

$$\delta_1 = \frac{P}{k_1}$$

$$\delta_2 = \frac{P}{k_2} \tag{5.3}$$

です。

式5.3よりバネ全体の変形量「δ」は、

$$\delta = \delta_1 + \delta_2$$

になります。

バネに作用する力は「P」、直列につないだバネ全体のバネ定数は「k」なので、力と変形の関係は、

$$P = k\delta$$

です。

以上を整理すると、

$$\delta = \delta_1 + \delta_2 = \frac{P}{k_1} + \frac{P}{k_2} = \frac{P(k_1 + k_2)}{k_1 k_2} \qquad (5.4)$$

が得られます。

式5.4を「P」について解くと、

$$P = \frac{k_1 k_2}{(k_1 + k_2)} \delta \qquad (5.5)$$

より、直列につないだバネのバネ定数は、

$$k = \frac{k_1 k_2}{(k_1 + k_2)} \qquad (5.6)$$

になります。

5-6 【例題】並列につないだバネ

図5.8に示すように並列にバネをつなぎ、先端に重りを付けて吊り下げます。

バネが静止するとき並列につないだバネの「バネ定数」を求めます。

> ※なお、「物体の重さ」によってバネに力が作用するとき、バネの伸び「δ」は等しいと仮定します。

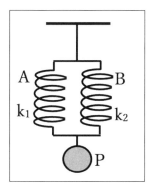

図5.8　例題5.6

このとき A、B のバネに生じる力を「P_1」「P_2」、「バネの固さ」を「k_1」「k_2」とすると、「フックの法則」より**式5.7**が得られます。

$$P_1 = k_1 \delta$$
$$P_2 = k_2 \delta$$

(5.7)

また、「物体の重さ」は「P」なので、「$P = P_1 + P_2$」です。

次に2つのバネを1つのバネとして考えると、「力の大きさ」と「変形」の関係は、

$$P = k\delta$$

です。

上式について「$P = P_1 + P_2$」より、以下のようになり、

$$P_1 + P_2 = k\delta$$

(5.8)

式5.7を**式5.8**の「P_1」「P_2」に代入すれば**式5.9**が得られます。

$$k_1 \delta + k_2 \delta = k\delta$$
$$k = k_1 + k_2$$

(5.9)

式5.9より、並列にバネをつないだ場合、「個々のバネの固さ」の和が「バネ全体の固さ」になります。

前項の直列につないだバネと比べて、はるかに「k」が大きいと言えます。

第2部

応用編

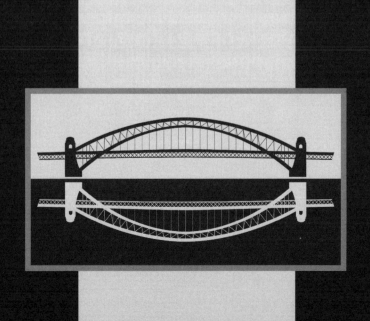

第**6**章

「静定構造物」の「反力」と「応力」

> 「力の釣り合い」のみで「反力」が算定できる構造を、「静定構造物」と言います。
> ―せいていこうぞうぶつ―
>
> 「静定構造物」は荷重に対して安定的ですが、支点を1つ失うだけで不安定になります。
>
> また、「構造物」は部材の組み方でいろいろな「構造形式」があり、それぞれの「構造形式」に応じて、作用する「応力の状態」が変わります。
>
> 特に、最も初歩的な「構造形式」である「梁」については詳しく解説します。
> はり
>
> 「梁」を理解すれば、「ラーメン構造」も「トラス構造」も基本は同じだと分かるでしょう。
>
> ＊
>
> ここでは、「静定」の概念や、「各構造形式」（梁、ラーメン、トラス）における、「静定構造物」の「解き方」について学びます。

6-1 「安定」と「不安定」、「静定」と「不静定」

表6.1に示すように、「構造物」には「安定」と「不安定」、「静定」と「不静定」という状態があります。

表6.1　安定と不安定、静定と不静定

構造物の状態	解　説
安　定	構造物に荷重が作用しても「移動」や「転倒」「大変形」が起きない状態
不安定	構造物に荷重が作用すると「移動」や「転倒」「大変形」が起きる状態
静　定	「安定」しているが、「支点」や「接合部」の拘束が1つでもなくなると「不安定」になる状態
不静定	「静定」する状態から、さらに「支点」や「接合部」の拘束を増やした状態

表6.1の関係を図6.1に示します。

「静定」「不静定」は「安定状態」の種類の1つです。

「不静定」という用語は「不」という言葉が入っていて、「不安定」と似ているので注意しましょう。

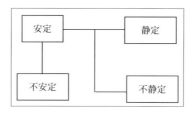

図6.1 「安定」と「不安定」、「静定」と「不静定」

＊

具体的に構造物の「安定と不安定、静定と不静定」を見ましょう。

図6.2は両端が「ローラー支点」で「水平力」が作用しています。

このとき「梁」は水平方向に移動するので、不安定です。

図6.2 不安定な構造

図6.3は両側とも「ピン支点」なので「水平力」が作用しても移動しません。

また、「柱」と「梁」は剛接合されており、「荷重」に抵抗します。

＊

以上より、**図6.3**は安定しています。

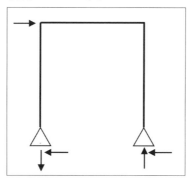

図6.3 安定(不静定)な構造
＊

図6.4は「不安定な構造物」です。

図6.4は、図6.3と「支点」は同じですが、「柱」と「梁」が「ピン接合」になっています。

「柱」の両端で「回転」が自由になるため、「水平力」による転倒が起きます。

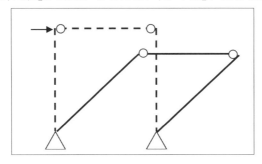

図6.4　不安定な構造

以上のように、「安定」と「不安定」は、「支点」だけでなく「接合部」の状態も影響します。

*

また、図6.5のように「梁」の一端を固定支点とした構造を、「片持ち梁_{かたもちばり}」と言います。

「片持ち梁」は安定していますが、回転方向の拘束を解くと、固定支点は「ピン支点」となり、たちまち「梁」は不安定となります。

図6.5　静定構造(片持ち梁)

図6.5のような状態が「**静定**」です。

「静定」となる構造物(静定構造物)は、**前章**で解説した「力の釣り合い条件」のみで「反力」が算定できます。

構造計算はとても簡単ですが、「支点の拘束」が1つ解かれるだけで、「不安定」になる危うさをもっています。

*

一方、図6.5の「片持ち梁」に「ピン支点」を1つ追加したものが図6.6です。「片持ち梁」に「支点」を追加したので、より安定した状態になると言えます。

この状態を「**不静定**」と言い、「不静定」の梁を、「**不静定梁**」と言います。

図6.6　不静定構造(不静定梁)

「不静定構造物」は、少なくとも「1つの支点の拘束」が解かれても、安定した状態を保ちます。

たとえば、図6.6の「不静定梁」の「固定支点」の「回転方向の拘束」を1つ解くと、両端が「ピン支点」の「梁」になるだけです。

＊

本書では「静定構造」の解法のみを取り扱いますが、一般に、「建築物」は「荷重」に対しての「冗長性」(余裕)をもたせるため、「不静定構造」とします。

> ※なお、以上のような「安定」と「不安定」、「静定」と「不静定」は、計算式により判別できます。

6-2　「梁」の構造

次のような場面を想像してください。

＊

川の先に果物が実っていますが、泳いでいくには流れが速く、飛び越えられる川幅でもありません。

こういうとき、人は川に木の「丸太」や、何か渡れそうな「横に掛かる物」を置くでしょう。

つまり、人が住居をつくる前から、「梁」は構造物として利用されてきたことが推察されます。

一方で、「梁」だけでは空間を構成できませんから、建築物をつくる場合は、「柱」と組み合わせて使います。

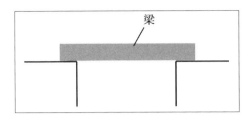

図6.7 「梁」の構造

「梁」は横方向に力を伝えるだけの最も単純な構造形式ですが、「反力」や「応力」の求め方などは他の構造形式と共通です。

つまり、「梁」を理解できなければ、「トラス」「ラーメン」「アーチ」の構造に進めません。

「梁」の「反力」や「応力」の求め方を順に学び、「演習問題」を通して計算に慣れましょう。

6-2-1 反力の求め方

第2〜4章までの知識をもとに、**図6.8**に示す「梁」の「反力」を求めます。

＊

「反力の求め方」は簡単です。

第4章「力の釣り合い」より、「静止する物体」におけるすべての力は、釣り合います。

つまり、「外力」と「反力」について「$\Sigma H = 0$」「$\Sigma V = 0$」「$\Sigma M = 0$」の関係から「反力」を求めればいいのです。

> ※なお、**図6.8**に示す「ローラー支点」と「ピン支点」からなる「梁」を、「**単純梁**」と言います。

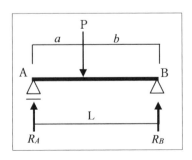

図6.8 単純梁

[手順] 「反力」の求め方
[1]「水平方向」の力の釣り合い

力の釣り合いを考えるとき、**図6.9**のように「反力」の向きを仮定して図示すると分かりやすいです。

*

「水平反力」は「右向き」、「鉛直反力」は「上向き」の力として仮定します。
また、「力」に符号をつけて「向き」を表わします。

本書では"右・上向きの力を「正」、左・下向きの力を「負」"と考えます。

どの向きを「正」とするかは自由ですが、「正値」とした方向の「逆方向」は必ず「負値」となるように定義します。

下添え字の「A」「B」は単なる目印なので、「1」「2」でもかまいません。

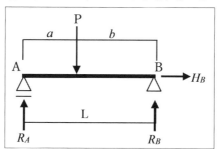

図6.9 「反力」の仮定

図6.9より、「水平力」は仮定した「反力」のみなので、「$\Sigma H = 0$」より、

$$H_B = 0$$

です。

「外力」が作用していないので、当然、「反力」もありません。

[2]「鉛直方向」の力の釣り合い

次に、「鉛直方向」の「力の釣り合い」を考えます。

*

「$\Sigma V = 0$」より、

$$-P + R_A + R_B = 0$$

$$R_A + R_B = P$$

[3]「モーメント」の釣り合い

ここが、いちばんの難関です。

*

「モーメント」の釣り合いを考えます。

A、B点は「ローラー支点」と「ピン支点」なので「モーメント」は生じません。

よって、「A（B）点」での「モーメント」の釣り合いは「0」になります。

「A点」における、すべての「モーメント」を求めます。

回転方向が「時計回り」の値を「正」とすると、「梁」中央に作用する力「P」による「モーメント」は、

$$M_A = P \times a = Pa$$

です。

*

B支点には、仮定した「反力R_B」が上向きの力で作用します。

「R_B」はA点を軸に反時計回りの回転を起こすので、

$$M_B = -R_B \times L = -R_B L$$

です。

これらのモーメントの合計は「0」になるので、「$\Sigma M = 0$」より、

$\varSigma M = 0$　より

$Pa - R_B L = 0$

$R_B = \dfrac{Pa}{L}$

$R_A + \dfrac{Pa}{L} = P$

$R_A = P - \dfrac{Pa}{L} = \dfrac{PL}{L} - \dfrac{Pa}{L} = \dfrac{P(a+b) - Pa}{L} = \dfrac{Pb}{L}$

となります。

「R_A」「R_B」はともに「正の値」です。

つまり、仮定した「反力」の方向が正しいことを意味します。

仮に「反力」が「負の値」であれば、仮定した「反力」の向きと反対向きに「反力」が作用しています。

＊

ところで、A点を中心とした「モーメントの釣り合い」を考えたので「R_A」によるモーメントは「0」です。

「R_A」は「A点」に作用しており、「A点」を中心に考えると距離は「0」。

「$M = $ 力×距離 $= R_A \times 0 = 0$」です。

6-2-2 「応力」とは

6-2-1項では、「梁」と「支点」を1つのまとまりとして力の釣り合いを考えました。

では、**図6.10**のように静止する「梁」を「仮想的に切断する」として、力の釣り合いはどうなるかを考えましょう。

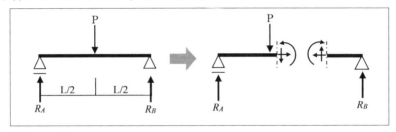

図6.10 仮想的に切断した「梁」

「梁」に力が作用しても「梁」が静止するとき、「力の釣り合い」は「梁のどの位置においても」成立します。

そうでなければ、「梁」は力の作用によって「移動」や「回転」を起こすからです。

つまり、「梁」を仮に切断した状態でも力は釣り合います。

*

図6.11のように、「梁の切断面」では、「梁」の外から作用する力(「外力」および反力」)と、「梁の切断面」に作用する力が釣り合います。

この部材切断面(部材内部)に生じる力を、「**応力**」と言います。

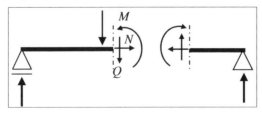

図6.11 「梁」に生じる「応力」

同様に右側の切断面にも「応力」が生じて、荷重および「反力」と釣り合います。

一般に部材に生じる「応力」は、**表6.2**の3つに分類されます。

表6.2 「応力」の分類

種　類	記　号	解　説
軸方向応力（軸力）	N	部材の軸方向を圧縮また引張るような応力。部材を軸方向に伸縮させる作用がある
剪断応力（剪断力）	Q	部材の切断面に平行に生じる応力。部材をズラすような変形が生じる
曲げモーメント	M	部材を回転させようとする応力。部材の断面に伸びと縮みが同時に生じるため湾曲する。

㋑　軸方向応力（軸力）

「軸力」は部材の軸方向に生じる「応力」です（**図6.12**）。

「ラーメン構造」の柱、「トラス構造」の部材などに生じます。

＊

また、「切断面」を押す軸力（圧縮応力）で部材は縮み、断面を引っ張る軸力（引張応力）によって部材は伸びます。

図6.12　軸方向応力（軸力）

㋺　剪断応力（剪断力）
<small>せんだんおうりょくせんだんりょく</small>

「剪断力」は、物体にズラす変形を与える１組の力です。

部材の切断面に平行に生じて、長方形から平行四辺形に変形します（**図6.13**）。

＊

「剪断力」を利用した道具に「ハサミ」があります。

「ハサミ」は鋭い刃がズレ合ってものを切断します。

これは「剪断力」による働きです。

図6.13　剪断応力（剪断力）

(ハ)　曲げモーメント

「曲げモーメント」は、「部材断面」に生じるモーメントです。

図6.14のように「曲げモーメント」が生じると、部材が「湾曲」します。

よって、「曲げモーメント」は部材を曲げる応力と考えてもいいです。

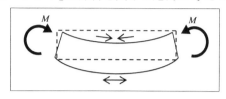

図6.14　曲げモーメント

また**図6.14**のように部材が湾曲するとき、部材の上側は縮んで下側は伸びています。

見方を変えれば、「曲げモーメント」とは、部材に「圧縮応力」と「引張応力」が同時に作用する力です。

*

なお、「梁」は「線材」にモデル化していますが、実際には「太さ」(断面)があります。

「応力」は「断面」に生じる「力」なので、「応力」と「断面」の関係を知る必要があります。

「断面」の性質は**次章**「断面の形状と性質」で、「応力」と「断面」の関係は**第8章**「応力度と歪」で解説します。

6-2-3 「応力」の「向き」と符合

「応力」の「向き」を判断できるように、「応力」は正負の符号をつけて表わします。

図6.15に各「応力の向き」と「部材の変形」「正負の関係」を示します。

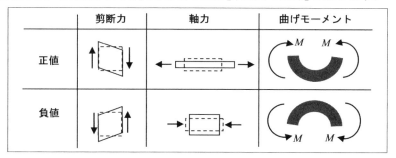

図6.15 「応力」の「向き」と部材の変形、正負の符号

*

また、「応力」を求める場合、「応力は正の向き」と仮定して計算します。

計算結果が「正値」であれば、**図6.17**の上段に示す変形、負値なら下段の変形だと分かります。

*

一般に、部材の応力は図で表わします。

この図を「**応力図**」と言います。

「応力図」には「応力の大きさ」(値)と「符合」を描きます。

符号を描くことで応力の向きが明確になり、部材の変形も把握できます。

なお、「曲げモーメント」による部材の変形は、**6-2-6項**で解説する「曲げモーメント図」の描き方で明確になります。

よって「曲げモーメント図」は「正負の符号」をつけません。

6-2-4　「曲げモーメント」と「剪断力」「荷重」の関係

図6.16に示すように、「梁（はり）」に任意の「分布荷重」が作用して力が釣り合っているとします。

このとき、「梁」の微小部分を抜き出して「応力の釣り合い」を考えましょう。

微小部分の長さを「dx」とします。

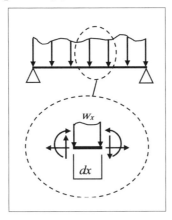

図6.16　微小部分の応力

「梁」に作用する力は釣り合っているのですから、微小部分においても力の釣り合いは成立します。

部材に生じる応力は、「剪断力（せんだん）」「曲げモーメント」「軸力」の3つです。

ただし、図6.16の「梁」には鉛直方向の荷重のみ作用するので、「軸力」は「0」です。

＊

以上より、「梁」の微小部分には、図6.17のような「応力」、および「荷重」が作用して力が釣り合います。

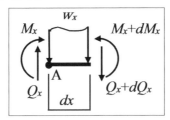

図6.17　微小部分の力の釣り合い

　微小部分の右側では、分布荷重「w_x」により「微小な応力」が増加します（**図6.17**）。

　微小な「剪断力」「曲げモーメント」をそれぞれ「dQ_x」「dM_x」、左側の「剪断力」「曲げモーメント」を「Q_x」「M_x」とするとき、

右側のせん断力	Q_x+dQ_x
右側の曲げモーメント	M_x+dM_x

となります。

*

　「鉛直方向」の「力の釣り合い」は、

$$\Sigma V = 0$$
$$Q_x - (Q_x + dQ_x) - w_x \times dx = 0$$
$$Q_x - Q_x - dQ_x - w_x dx = 0$$
$$-dQ_x - w_x dx = 0$$

より、

$$dQ_x = -w_x dx \qquad\qquad (6.1)$$

が得られます。

　式6.1より「微小剪断力」の大きさは、「分布荷重」と「微小長さ」の積です。

　さらに、両辺を「dx」で割ると、

$$\frac{dQ_x}{dx} = -w_x \qquad\qquad (6.2)$$

となり、**式6.2**は「剪断力」の1回微分したものが「分布荷重」になることを意味します。

　微分は関数の「傾き」を求めることに等しいので、「剪断力の傾き」（変化の割合）が「分布荷重」と言えます。

　逆に言うと、部材に生じる「剪断力」が一定（あるいは0）の場合、「分布荷重」は作用していません。

*

　次に、「点A」における「モーメントの釣り合い」を考えます。

「$\Sigma M = 0$」より、

$$\Sigma M = 0 \quad より$$

$$M_x - (M_x + dM_x) + (Q_x + dQ_x) \times dx + w_x \times dx \times \frac{dx}{2} = 0$$

$$M_x - M_x - dM_x + Q_x dx + dQ_x dx + \frac{w_x dx^2}{2} = 0$$

$$\frac{w_x dx^2}{2} + Q_x dx + dQ_x dx - dM_x = 0$$

「dx^2」「$dQ_x dx$」は微小量の積なので、無視できるくらい小さいと考えると、

$$dM_x = Q_x dx \qquad\qquad (6.3)$$

が求まります。

　式6.3より、「微小曲げモーメント」は「剪断力」と「微小長さ」の積と言えます。
　さらに両辺を「dx」で割ると、

$$\frac{dM_x}{dx} = Q_x \qquad\qquad (6.4)$$

になります。

　式6.4は「曲げモーメント」の1回微分が「剪断力」になることを表わします。すなわち、「曲げモーメント」の変化の割合が「剪断力」です。
　「剪断力」と「分布荷重」の関係と同様に、「曲げモーメント」が一定の値（あるいは0）であれば「剪断力」は0です。

　さらに、**式6.2**と**式6.4**より

$$\frac{dQ_x}{dx} = \frac{d}{dx}\left(\frac{dM_x}{dx}\right) = \frac{d^2 M_x}{dx^2} = -w_x \qquad\qquad (6.5)$$

が求められます。

　式6.5より、「曲げモーメント」の2回微分が「分布荷重」と等しくなります。

以上より、「曲げモーメント」「剪断力」「荷重」には下記の関係があります。

・曲げモーメント　⇒　剪断力　⇒　荷重
　　　　　　1回微分　　　　1回微分

・荷重　⇒　剪断力　⇒　曲げモーメント
　　積分　　　　　積分

　また、微分と積分は対の関係にあるので、**式6.5**を「x」について1回積分すれば「剪断力」、2回積分すれば「曲げモーメント」が求まることを意味します。

　つまり、「剪断力」「曲げモーメント」は「x」の関数であり、分布荷重「w_x」が作用するとき、「x」の増減に伴い「Q_x」「M_x」も増減します。

Column　「曲げモーメント」の最大値の求め方

　微分は大雑把に言うと関数の「傾き」を求めることです。

　つまり、微分して0（傾きが0）になるとき、関数の最大値、または最小値が算定できます。

　曲げモーメント「M_x」を1回微分すると、剪断力「Q_x」なので、「Q_x」が0（すなわち、「M_x」の傾きが一定）になる位置で曲げモーメント「M」は最大値となります。

　「曲げモーメント」の最大値と最大値の生じる位置の求め方は6-2-7項で解説します。

6-2-5 応力の求め方

具体的な問題（**図6.18**に示す「梁」）から、「応力の求め方」を学びましょう。

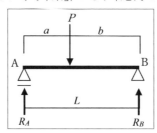

図6.18　応力の求め方

基本的な考え方は「反力の求め方」と同じです。

ただし、応力は部材断面に生じる力なので、まずは部材を切断して作用する応力を仮定します。

切断する位置は支点から任意の点（x）としますが、「荷重の作用点」を境に応力が変化する可能性を考慮して切断します。

よって、「点A」を原点とするとき、「0からa」と「aからL」の任意の点「x」で切断します（**図6.19**）。

このとき切断面には、**6-2-3項**「応力の向きと符号」で解説した正の向きの応力が作用すると仮定します。

水平方向の荷重はないので、軸力は0です。

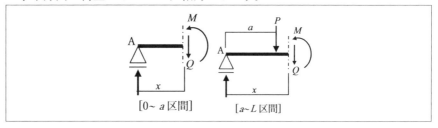

図6.19　「梁」の切断と応力
*

なお、「点B」を原点として同様に切断してもいいです。

その場合は、「0からb」と「bからL」の任意の点「x」で切断します。

「梁」を任意の点で切断しても「応力」と「荷重」「反力」は釣り合うので、**7.2**

節と同様に「$\Sigma H = 0$」「$\Sigma M = 0$」の釣り合いを考えればいいのです。

「水平力」はないので「$\Sigma H = 0$」は省略します。

「0からa」と「aからL」の区間と順番に計算します。

[0〜a区間]

「$\Sigma V = 0$」より、

$$-Q_X + R_A = 0$$

6-2-1項「反力の求め方」より本例題の反力は「$R_A = Pb/L$」「$R_B = Pa/L$」でした。

よって、

$$-Q_x + \frac{Pb}{L} = 0$$

$$Q_x = \frac{Pb}{L}$$

です。

次に、「モーメントの釣り合い」を考えます。

点xでの「曲げモーメント」を求めたいので、点xが中心となるよう「モーメント」を求めましょう。

「$\Sigma M = 0$」より、

$$\Sigma M = 0 より$$

$$R_A \times x - M_x = 0$$

$$M_x = R_A x$$

$$M_x = \frac{Pb}{L} x$$

$$M_{MAX} = \frac{Pab}{L} \quad \left(x = a のとき \right)$$

となります。

aからLの区間も、同様の手順で応力を求めます。

[*a〜L*区間]

「$\Sigma V = 0$」より、

$$-Q_x - P + R_A = 0$$

$$-Q_x - P + \frac{Pb}{L} = 0$$

$$-Q_x - \frac{P(a+b)}{L} + \frac{Pb}{L} = 0$$

$$Q_x = -\frac{Pa}{L}$$

です。

「$\Sigma M = 0$」より、

$$R_A \times x - P \times (x - a) - M_x = 0$$

$$M_x = \frac{Pb}{L}x - P(x - a)$$

$$M_{MAX} = \frac{Pab}{L} \quad \left(x = a\text{のとき}\right)$$

です。

　以上より、「剪断力」は0から*a*区間までは「$\frac{Pb}{L}$」(正の「剪断力」)が作用し、*a*から*L*区間では「$-\frac{Pa}{L}$」(負の「剪断力」)となります。
　また、「曲げモーメント」は支点では0となり、「$x = a$」のとき最大値になります。

6-2-6 「応力図」の描き方

　応力は図で表わすことで直感的に分かりやすくなります。

　「軸力」「剪断力」「曲げモーメント」の図を、それぞれ「N図」「Q図」「M図」と言います。

　本書の「応力図」の描き方のルールを**表6.3**に示します。

表6.3　応力の正負と「応力図」の描き方

応力の種類	応力の符号と図示する箇所			
	梁		柱	
	正	負	正	負
軸　力	上側	下側	右側	左側
剪断力	同　上			
曲げモーメント	部材の引張側			

　なお、「N図」や「Q図」は決まった描き方はありませんし、「M図」と比べると、応力の分布が簡単なので、あえて図示せずに数値のみで表わすことも多いです。

　一方で、「M図」(曲げモーメント図)は必ず図示します。

　一般に「M図」は部材の引張側(伸び側)に描くため、「M図」を見れば「曲げモーメント」による部材の変形が分かります(**図6.20**)。

> ※なお、「応力図」を描くとき応力の作用範囲に縦(横)線を引きますが、以降、本書では省略します。

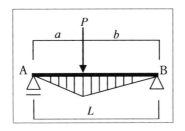

図6.20　「M図」と「曲げモーメント」の正負

　では、**6-2-5項**「応力の求め方」で求めた応力を図で表わしてみましょう(軸力は0なので「N図」は省略)。

[0～a区間]

剪断力 $Q_x = Pb/L$

[a～L区間]

剪断力 $Q_x = -Pa/L$

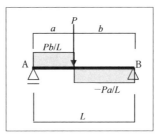

図6.21　Q図

[[0～a区間]

曲げモーメント $M_x = \dfrac{Pb}{L}x$

$M_{MAX} = \dfrac{Pab}{L}\quad (x = a \text{のとき})$

[a～L区間]

曲げモーメント $M_x = \dfrac{Pb}{L}x - P(x - a)$

$M_{MAX} = \dfrac{Pab}{L}\quad (x = a \text{のとき})$

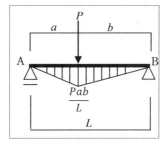

図6.22　M図

「剪断力」は「0〜a区間」「a〜L区間」でそれぞれ一定の値をとります。

よって、「0〜a区間」では正値なので梁の上側、「a〜L区間」は梁の下側に図示すると、**図6.22**のように「荷重の作用点」で正負が入れ替わるような図になります。

＊

「M図」は下記のポイントを押さえておくと図示しやすいです。

・「ピン支点」「ローラー支点」「ピン接合(ヒンジ)」では「曲げモーメント」が0
・「M_x」の式などから「曲げモーメントの最大値」を求める
・「荷重の作用点」の曲げモーメントを求める
・部材の曲げられる状態をイメージする

図6.22はピン支点とローラー支点の「梁」(単純梁)なので、両側の「曲げモーメント」は0になります。

「梁」には集中荷重が1カ所のみ作用し、「M_x」の式を見ると距離xの一次関数ですから、最大値を求めて支点の位置から直線を結んでやれば「M図」の完成です。

「梁」は下向きに荷重が作用しており、「梁」は下側が伸びて(引張力が作用して)上側が縮み(圧縮力が作用し)ます。

よって、「梁」の下側に「M図」を描きます。

「M図」は部材の引張側に描くので、「M図」をみれば部材の曲げられる変形状態が分かります。

逆に言うと、部材の曲げ変形から「M図」を想定することもできます。

慣れないうちは難しいと思いますが、計算式だけに頼るのではなく部材の変形をイメージしましょう。

本節で解説した「梁」の変形状態は、本や定規を両手で持って下側に曲げてみるとよく分かります。

6-2-7 曲げモーメントの最大値

分布荷重の作用する単純梁の「曲げモーメントの最大値」を求めてみましょう。

図6.23に示すように、複数の荷重が作用すると、「曲げモーメントの最大値」や最大値の作用する点は、パッと見てもよく分かりません。

そこで**6-2-4項**で解説した「$\dfrac{dM}{dx} = Q_x$」の原理を使います。

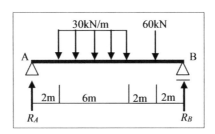

図6.23　複数の荷重が作用する「単純梁」

※

「最大曲げモーメント」の値、作用する位置を求める流れを示します。

① 反力を求める

② モーメントの式「Mx」を求める

③ 「M_x」の式を微分し、「最大曲げモーメント」が作用する位置「x」を求める

④ 「x」の値を「M_x」に代入し、「最大曲げモーメント」を算定する

上記に示した順で「最大曲げモーメント」を求めます。

[手順]　「最大曲げモーメント」を求める

[1]「反力」を求める

問題は、この「梁」に作用している最大のモーメントを求めることです。

まず、「反力」を求めましょう。

$\Sigma V = 0$

$R_A + R_B = 30 \times 6 + 60 = 240 \text{kN}$

$R_A + R_B = 240 \text{kN}$

A点に関するモーメントの「釣り合い」を考えると、

$$\Sigma M = 0$$
$$30 \times 6 \times (2 + 6/2) + 10 \times 60 - R_B \times 12 = 0$$
$$900 + 600 = 12R_B$$
$$1500 = 12R_B$$
$$R_B = 125\text{kN}$$

よって「R_A」は、

$$R_A + R_B = 240$$
$$R_A + 125 = 240$$
$$R_A = 240 - 125 = 115\text{kN}$$

です。

[2] 曲げモーメント「M_x」を求める

次に、「梁」に作用している曲げモーメント「M_x」を求めて、「最大モーメント」を見つけましょう。

点Aを原点に「2m〜8m区間」、点Bを原点に「2m〜4m区間」の「M_x」を求めます。

なお、「0〜2m区間」は荷重が作用しておらず、明らかにMが小さいと分かるので計算を省略します。

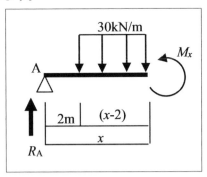

図6.24　2〜8m区間の仮想切断

$$M_x = 115x - 15(x - 2)^2$$
$$= 115x - 15(x^2 - 4x + 4)$$
$$= 115x - 15x^2 + 60x - 60 \tag{6.6}$$
$$= -15x^2 + 175x - 60$$

となります。

次に点Bを原点に「2〜4m区間」の「M_x」を求めます。

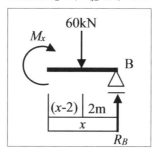

図6.25 2〜4m区間の仮想切断

$$M_x - R_B \times x + 60 \times (x - 2) = 0$$
$$M_x = 125x - 60x + 120 = 65x + 120 \tag{6.7}$$

式6.7は一次関数なので、「x」の値が大きいほど「M_x」も大きくなり、「2m〜4m区間」の式なので「$x = 4m$」のとき「$M_x = 65x+120 = 380\text{kNm}$」となります。

[3]「最大曲げモーメント」が作用する位置「x」を求める

「2m〜8m区間」で作用する「M_x」の最大値は**6-2-4項**「曲げモーメントの最大値の求め方」の方法で求めます。

つまり「$dM_x/d_x (= Q_x) = 0$」となるときの距離「x」が、「曲げモーメントの最大値」が作用している位置です。

さらに、「x」の値を「M_x」の式に代入すれば最大値が得られます。

さて、**式6.6**を微分すると、

$$\frac{dM_x}{dx} = -30x + 175 \qquad\qquad (6.8)$$

です。

式6.8が0のときの「x」を求めます。

$$\frac{dM_x}{dx} = -30x + 175 = 0$$

$$x = 5.83m$$

[4]「最大曲げモーメント」を算定する

次に、「$x = 5.83$」を「M_x」の式に代入します。

$$M_x = -15 \times (5.83)^2 + 175 \times 5.83 - 60$$
$$= -510.4 + 1020.8 - 60$$
$$= -510.4 + 1020.8 - 60$$
$$\fallingdotseq 450kNm$$

です。

6-2-8 【例題】単純梁の反力の算定

ここでは「反力の求め方」を、演習を通して学んでいきましょう。

[問1]　図6.26に示す「単純梁」の「反力」を求めなさい。

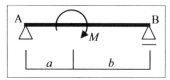

図6.26　問1

「$\Sigma H = 0$」より、

$$H = 0$$

「$\Sigma V = 0$」より、

$$R_A + R_B = 0$$

「$\Sigma M = 0$」より、

A点に関するモーメントの釣り合いより、

$$M - (a + b) \times R_B = 0$$
$$M = (a + b) \times R_B$$
$$R_B = \frac{M}{(a + b)}$$
$$R_A = -\frac{M}{(a + b)}$$

となります。

[問2]　図6.27に示す「単純梁」の「反力」を求めなさい。

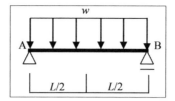

図6.27　問2

「$\Sigma H = 0$」より、

$$H = 0$$

「等分布荷重」を「集中荷重」に変換します。

「集中荷重」に変換すると「$w \times L$」となり、作用点は支点間距離の半分の位置($= \frac{L}{2}$)です。

「$\Sigma V = 0$」より、

$$-w \times L + R_A + R_B = 0$$
$$R_A + R_B = wL$$

「$\Sigma M = 0$」より、

A点に関するモーメントの釣り合いより、

$$(w \times L) \times \frac{L}{2} - L \times R_B = 0$$

$$(w \times L) \times \frac{L}{2} = R_B L$$

$$R_B = R_A = \frac{wL}{2}$$

となります。

[問3]　図6.28に示す「単純梁」の「反力」を求めなさい。

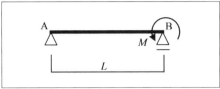

図6.28　問3

「$\Sigma H = 0$」より、

$$H = 0$$

「$\Sigma V = 0$」より、

$$R_A + R_B = 0$$

「$\Sigma M = 0$」より、

A点に関するモーメントの釣り合いより、

$$-M - L \times R_B = 0$$
$$-M = L \times R_B$$

$$R_B = -\frac{M}{L}$$

$$R_A = \frac{M}{L}$$

となります。

[問4] 図6.29に示す「単純梁」の「反力」を求めなさい。

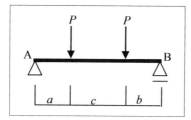

図6.29 問4

「$\Sigma H = 0$」より、

$$H = 0$$

「$\Sigma V = 0$」より、

$$-P - P + R_A + R_B = 0$$
$$-2P + R_A + R_B = 0$$
$$R_A + R_B = 2P$$

「$\Sigma M = 0$」より、
A点に関するモーメントの釣り合いより、

$$P \times a + P \times (a + c) - (a + c + b) \times R_B = 0$$
$$Pa + P(a + c) = (a + c + b) \times R_B$$
$$P(2a + c) = (a + c + b) \times R_B$$
$$R_B = \frac{P(2a + c)}{(a + c + b)}$$
$$R_A = \frac{P(2b + c)}{(a + c + b)}$$

[問5]　図6.30に示す「単純梁」の「反力」を求めなさい。

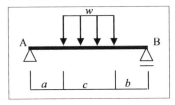

図6.30　問5

「$\Sigma H = 0$」より、

$$H = 0$$

「$\Sigma V = 0$」より、

$$-w \times c + R_A + R_B = 0$$
$$R_A + R_B = wc$$

「$\Sigma M = 0$」より、

A点に関するモーメントの釣り合いより、

$$\left(a + \frac{c}{2}\right) \times w \times c - (a + b + c) \times R_B = 0$$

$$\left(a + \frac{c}{2}\right) wc = (a + b + c) \times R_B$$

$$R_B = \frac{wc\left(a + \frac{c}{2}\right)}{(a + b + c)}$$

$$R_A = \frac{\left(\frac{wc^2}{2} + wbc\right)}{(a + b + c)}$$

となります。

[問6] 図6.31に示す「単純梁」の「反力」を求めなさい。

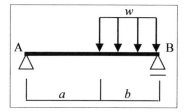

図6.31 問6

「$\Sigma H = 0$」より、

$$H = 0$$

「$\Sigma V = 0$」より、

$-w \times b + R_A + R_B = 0$

$R_A + R_B = wb$

「$\Sigma M = 0$」より、
A点に関するモーメントの釣り合いより、

$$\left(a + \frac{b}{2}\right) \times w \times b - (a + b) \times R_B = 0$$

$$\left(a + \frac{b}{2}\right) wb = (a + b)R_B$$

$$R_B = \frac{wb\left(a + \frac{b}{2}\right)}{(a + b)}$$

$$R_A = \frac{\left(\frac{wb^2}{2}\right)}{(a + b)}$$

[問7] 図6.32に示す「単純梁」の「反力」を求めなさい。

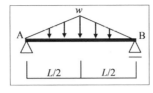

図6.32　問7

「$\Sigma H = 0$」より、

$$H = 0$$

　「分布荷重」が三角形なので集中荷重に変換する場合は、「分布荷重」の値「w」を「高さ」、距離「L」を三角形の底辺の長さとして面積を計算します。
　また、変換した「集中荷重」は三角形の図心位置に作用します（**図6.33**）。

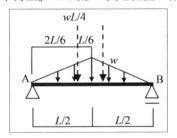

図6.33　「集中荷重」は三角形の図心位置に作用する

　よって、

分布荷重から集中荷重に変換した値　$w \times \dfrac{L}{2} \times \dfrac{1}{2} = \dfrac{wL}{4}$

です。

　「$\Sigma V = 0$」より、

$$-\frac{wL}{4} - \frac{wL}{4} + R_A + R_B = 0$$

$$R_A + R_B = \frac{wL}{2}$$

「$\Sigma M = 0$」より、

A点に関するモーメントの釣り合いより、

$$\frac{wL}{4} \times \frac{2L}{6} + \frac{wL}{4} \times \left(L - \frac{2L}{6}\right) - R_B L = 0$$

$$R_B = \frac{2wL}{24} + \frac{4wL}{24} = \frac{6wL}{24} = \frac{wL}{4}$$

$$R_A = \frac{wL}{4}$$

[問8]　図6.34に示す「単純梁」の「反力」を求めなさい。

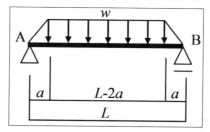

図6.34　問8

「$\Sigma H = 0$」より、

$$H = 0$$

　「分布荷重」が台形なので「集中荷重」に変換する場合は、「分布荷重」の値「w」を高さ、距離「L」を台形の下底、「$L-2a$」を上底として台形の面積を計算します。

　図6.34に示す台形荷重は左右対称のため、支点間距離の中央に作用すると考えます。

　左右非対称の場合は、台形を三角形と長方形に分解して各々の荷重を算定し、「図心」位置に作用すると考えます。

以上より、

分布荷重から集中荷重に変換した値　$w \times (L - 2a + L) \times \dfrac{1}{2} = w(L - a)$

です。

「$\Sigma V = 0$」より、

$$-w(L - a) + R_A + R_B = 0$$
$$R_A + R_B = w(L - a)$$

「$\Sigma M = 0$」より、
A点に関するモーメントの釣り合いより、

$$w(L - a) \times \frac{L}{2} - R_B L = 0$$

$$R_B = \frac{w(L - a)}{2} = R_A$$

[問9]　図6.35に示す「片持ち梁」の「反力M_A」を求めなさい。

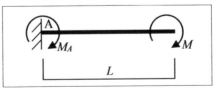

図6.35　問9

「$\Sigma H = 0$」より、

$H = 0$

「$\Sigma V = 0$」より、

$R_A = 0$

A点でのモーメントの釣り合いより、
「$\Sigma M = 0$」より、

$M_A + M = 0$

$M_A = -M$

[問10] **図6.33**に示す「単純梁」の「反力」を求めなさい。

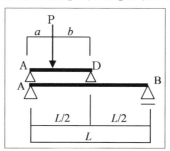

図6.36　問10

「$\Sigma H = 0$」より、

$H = 0$

梁ABの上に梁ADが載っている状態です。

梁ADの反力は、梁ABにとっての「外力」なので、まずは梁ADの反力を求めます。

「$\Sigma V = 0$、$\Sigma M = 0$」より、

$$R_A = \frac{Pb}{(a + b)}$$

$$R_D = \frac{Pa}{(a + b)}$$

「作用・反作用」の関係より、反力「R_A」「R_D」は「外力」として梁ABに作用します（**図6.37**）。

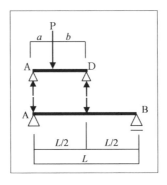

図6.37

　梁AD、梁ABともに点Aの位置は一致しているので、梁ADの反力「R_A」が梁ADの支点Aに直接作用します。

　反力「D」による荷重「$Pa/(a+b)$」は中央に作用するので、2つの支点に半分ずつ分担されますから、

$$R_A = \frac{2Pb}{L} + \frac{2Pa}{L} \times \frac{1}{2} = \frac{2Pb}{L} + \frac{Pa}{L} = \frac{3Pb}{L}$$

$$R_B = \frac{2Pa}{L} \times \frac{1}{2} = \frac{Pa}{L}$$

となります。

[問11]　図6.38に示す「単純梁」の「反力」を求めなさい。

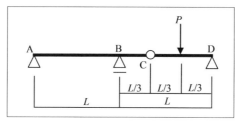

図6.38　問11

「$\Sigma H = 0$」より、

$$H = 0$$

　図6.38に示す白丸（○）は「ピン接合」（ヒンジ）で、回転方向は自由ですが鉛直と水平は拘束、すなわち力を伝達します。

　よって、図6.39に示すようにヒンジを「ピン支点」と考えれば、2つの「静定梁」に分解できます。

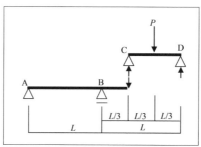

図6.39　2つの「静定梁」に分解できる

　まず、梁CDについて「反力」を求めます。

　「作用・反作用」の関係より、反力「R_C」は梁ACに対して「外力」として働きます。

　Pは梁CDの中央に作用するので、反力「R_C」および「R_D」は「$P/2$」です。

「$\Sigma V = 0$」より、

$$-\frac{P}{2} + R_A + R_B = 0$$

$$R_A + R_B = \frac{P}{2}$$

「$\Sigma M = 0$」より、

A点に関するモーメントの釣り合いより、

$$\left(L + \frac{L}{3}\right) \times \frac{P}{2} - R_B L = 0$$

$$R_B = \frac{2P}{3}$$

$$R_A = -\frac{P}{6}$$

6-3 「トラス」の構造

「**トラス**」とは3つの部材を三角形に組み、それぞれの部材が交わる点を「ピン接合」とした構造形式です(**図6.40**)。

＊

「**トラス構造**」の部材はすべて「両端ピン接合」となります。

よって、「トラス部材」の節点にのみ荷重が作用する場合(**図6.41**)、その部材の「曲げモーメント」および「剪断力」は0であり、部材には「軸力」のみ生じます。

一方、部材に直接荷重が作用する場合、「梁」として応力算定を行ないます。

※なお、以降本書では、「トラス構造」におけるピン接合を表わす「白丸」は省略します。

図6.40 トラス構造

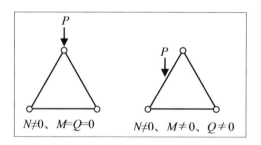

$N \neq 0$、$M = Q = 0$　　　$N \neq 0$、$M \neq 0$、$Q \neq 0$

図6.41 「トラス部材」の応力

一般に、部材は単一の「軸力」にはめっぽう強く(※圧縮方向に作用する場合は「座屈」に注意する)、「曲げモーメント」や「剪断力」には弱いので、「軸力」しか作用しないトラス構造は、部材の性能を最大限に活かすことができます。

そのため、比較的細い部材で大規模な構造物が構成されます。

たとえば、「東京スカイツリー」や「東京タワー」も、よく見るとたくさんの「トラス部材」が利用されていることに気付くはずです。

軽快でスレンダーな構造にできる点が「トラス構造」の魅力です。

6-3-1 「トラス構造」の「軸力」の求め方

一般に、「トラス部材」に生じる応力は、「軸力」のみ考慮します。

つまり、**6-2-2項**「応力とは」で示した「曲げモーメント」「剪断力」の算定は不要で、「荷重」と「反力」「軸力」との釣り合いのみ考えます。

ただし、**図6.41（右）**のように節点に「荷重」が作用しない場合、部材には「曲げモーメント」および「剪断力」が生じるため、**6-2節**「梁の構造」の方法で応力を算定します。

> ※なお、「トラス部材」には軸力が一様に作用するため、「応力図」は描かずに数値のみで表わせます。

本書では、「トラス部材」の軸力の算定について、下記に示す2つの方法 を説明します。

(1)節点法

「節点」まわりで部材を切断して、部材の軸力と外力について「力の釣り合い」($\Sigma H = 0$、$\Sigma V = 0$)から求める方法です。

(2)断面法

任意の位置で3部材を含むように断面を切断して、部材の軸力と外力について「力の釣り合い」($\Sigma H = 0$、$\Sigma V = 0$、$\Sigma M = 0$)から求める方法です。

また、「$\Sigma M = 0$」を考える場合、求めようとする部材以外の2本の部材の交点でモーメントの釣り合いを考えます。

6-3-2 節点法

図6.42に示すトラス構造物の軸力「N_1」「N_2」を求めます。

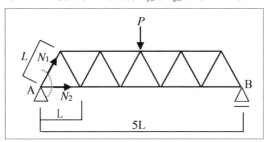

図6.42　トラス部材の応力

まず、節点Aまわりで部材を仮想的に切断します。

切断した部材には、「軸力」が「節点」を引張方向に作用する(すなわち「引張力」が作用する)と仮定して、「力の釣り合い式」をたてます。

節点Aには2部材が接続しており、未知数は2つなので、「$\Sigma H = 0$」「$\Sigma V = 0$」の釣り合い式をたてれば「軸力」が明らかになります。

逆に言えば、節点に3部材が接続する場合、未知数は3つですが、釣り合い式が2つしかないので問題を解けません。

*

「節点法」の計算を進める前に、「軸力」と「節点」の関係について整理します。

図6.43に示すように、節点を押す軸力が「**圧縮力**」、節点を引張る軸力が「**引張力**」です。

図6.43　「節点」と「軸力」の方向

「節点」に着目しなければ、「節点」を引張る力が、まるで押しているように見えます。

勘違いしてはいけないのが、軸力は「応力」、すなわち物体の内部に働く力ということです。

「作用・反作用の法則」から、軸力と釣り合う「外力」を考えると**図6.44**のようになります。

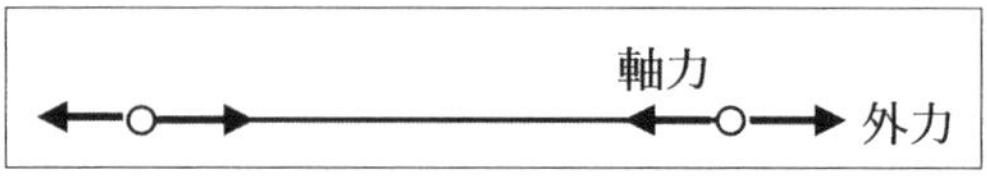

図6.44　節点と軸力、外力の関係

「反力」および「外力」と部材に作用する「応力」の向きを混同しないよう注意しましょう。

＊

まず、**図6.42**に示す「トラス構造」の「支点反力」を求めます。

「$\Sigma H = 0$」より、
「水平外力」は作用していないので、

$$H_A = 0$$

「$\Sigma V = 0$」より、

$$-P + (R_A + R_B) = 0$$

「$\Sigma M = 0$」より、

「A点」におけるモーメントの釣り合いを考えます。
荷重の作用点までの距離は、

$$2L + \frac{L}{2} = \frac{5L}{2}$$

です。

よって、

$$P \times \frac{5L}{2} - 5LR_B = 0$$

$$\frac{5PL}{2} = 5LR_B$$

$$R_B = \frac{P}{2}$$

$$R_A = \frac{P}{2}$$

となります。

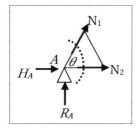

図6.45　A点まわりの力
*

次に部材の軸力を求めます。

「$\Sigma H = 0$」より、

$$H_A + N_2 + N_1 \cos\theta = 0$$

「$H_A = 0$」より、

$$N_2 + N_1 \cos\theta = 0$$

「$\Sigma V = 0$」より、

$$R_A + N_1 \sin\theta = 0$$

$$R_A = \frac{P}{2}$$

$$\frac{P}{2} + N_1 \sin\theta = 0$$

$$N_1 = -\frac{P}{2\sin\theta}$$

となります。

部材長さはすべて「L」なので、「$\theta = 60$度」です。

「$\sin 60$度$= -\dfrac{\sqrt{3}}{2}$」より、

$$N_1 = -\frac{P}{2\sin\theta} = -\frac{P}{\sqrt{3}}$$

です。

さらにN_2は

$$N_2 + N_1\cos\theta = 0$$

$$N_2 - \frac{P}{\sqrt{3}}\cos\theta = 0$$

$$N_2 = \frac{P}{2\sqrt{3}}$$

になります。

　同様の計算方法により他の部材の軸力を算定できます。

●「軸力 ＝ 0」となる部材の調べ方

　「トラス構造」では、計算しなくても「軸力」が0となる部材を見つけることができます。

　図6.46に示す点Cでは、「節点」に作用する「外力」は0で、部材は鉛直または水平方向に1本のみ接続されます。

　「$\Sigma H = 0$」「$\Sigma V = 0$」の力の釣り合いより、2部材に生じる軸力は0となります。

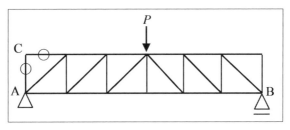

図6.46 「軸力 ＝ 0」となる部材

　つまり、

・節点に「外力」「反力」が作用していない
・当該方向にある部材が1つのみ

の条件を満たす場合、各方向の部材は「釣り合う外力（反力）および軸力」がないため、部材の軸力は0になります。

●「軸力の向き」の調べ方

「トラス構造」では、計算しなくても「軸力の向き」を知ることができます。

点Aには上向きの「反力」が生じます。

上向きの「反力」と部材の軸力が釣り合うためには、斜材に「反力」と逆向きに「軸力」が作用しなければなりません（**図6.47**）。

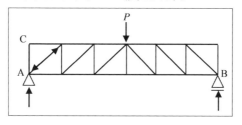

図6.47　斜材の軸力

次に、**図6.48**の下端材について考えます。

斜材は「圧縮力」なので、斜材に生じる「軸力」を分解すると、水平方向の力は左向きだと分かります。

これと逆向きに軸力が作用しないと力は釣り合いませんから、**図6.48**に示す軸力の向きになります。

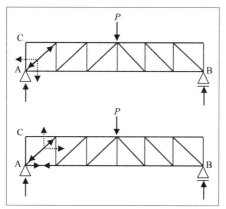

図6.48　水平材の軸力

最後に、**図6.49**に示す垂直部材の軸力の向きを調べます。

斜材の軸力を分解すると上向きの力が作用しており、これと逆向きの軸力は**図6.49**に示す「引張力」になります。

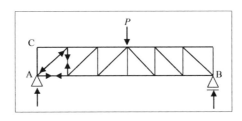

図6.49　鉛直材の軸力

このように、「力の向き」だけで軸力が「圧縮力」「引張力」のどちらになるか判断できます。

なお、「圧縮力が」生じる部材は「座屈」を考慮します。

「座屈」は細長い部材で起きやすいため、「引張力」の生じる部材と比べて太くする必要があります。

「座屈」は**第10章**「棒の座屈」で解説します。

6-3-3　断面法

図6.50に示す「トラス構造」について、3つの部材を含むように仮想的に切断して力の釣り合い($\Sigma H = 0$、$\Sigma V = 0$、$\Sigma M = 0$)を考えます。

部材が複数あるので難しく見えますが、考え方は「梁の応力の求め方」と変わりません。

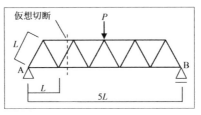

図6.50　「トラス部材」の切断

切断した部材の軸力、切断した左側の「外力」と「反力」の釣り合いから軸力を求めます。

このとき2つの部材の交点で「$\Sigma M = 0$」を考えれば、2つの未知数を減らして釣り合い式をたてられます。

よって、

「$\Sigma M = 0$」より、

$$-N_5 \times \frac{\sqrt{3}}{2}L + R_A \times \frac{3}{2}L - H_A \times \frac{\sqrt{3}}{2}L = 0$$

$$H_A = 0, \ R_A = \frac{P}{2}$$

$$-N_5 \frac{\sqrt{3}}{2}L + R_A \frac{3}{2}L = 0$$

$$N_5 \frac{\sqrt{3}}{2}L = \frac{3P}{4}L$$

$$N_5 = \frac{3P}{2\sqrt{3}} = \frac{3\sqrt{3}P}{2 \times 3} = \frac{\sqrt{3}P}{2}$$

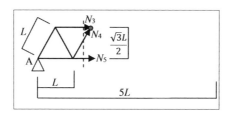

図6.51　切断部材の軸力

「$\Sigma H = 0$」より、

$$H_A + N_3 + N_4\cos\theta + N_5 = 0$$

$$H_A = 0$$

$$N_5 = \frac{\sqrt{3}P}{2}$$

$$N_3 + N_4 \cos\theta + \frac{\sqrt{3}P}{2} = 0$$

「$\Sigma V = 0$」より、

$$R_A + N_4 \sin\theta = 0$$

$$R_A = \frac{P}{2}$$

$$\frac{P}{2} + N_4 \sin\theta = 0$$

$$\frac{P}{2} = -N_4 \sin\theta$$

$$N_4 = -\frac{P}{2\sin\theta} = -\frac{P}{2 \times \frac{\sqrt{3}}{2}} = -\frac{P}{\sqrt{3}}$$

よって、

$$N_4 = -\frac{P}{2\sin\theta}$$

$$N_3 - \frac{P}{2\tan\theta} + \frac{\sqrt{3}P}{2} = 0$$

$$N_3 = \frac{P}{2\tan\theta} - \frac{\sqrt{3}P}{2} = \frac{P}{2\sqrt{3}} - \frac{\sqrt{3}P}{2} = -\frac{P}{\sqrt{3}}$$

*

以上のように、「断面法」を用いて3つの「軸力」を算定できます。

同様の手順で残りの軸力を解くこともできます。

また、状況に応じて「断面法」と「節点法」を使い分けてもいいでしょう。

6-4　ラーメン構造

「**ラーメン構造**」は、「柱」と「梁」を剛接合して門形に組んだ構造形式です（**図6.52**）。

「ラーメン」はドイツ語の「Rahmen」が語源で、「剛接合された」という意味です。

英語だと「フレーム」なので、「**フレーム構造**」とも言います。

「ラーメン構造」は「柱」と「梁」だけで空間を作ることができるので、建築計画上の自由度は高いです。

剛接合（柱と梁の接合部を一体化）

図6.52　ラーメン構造

6-4-1　「ラーメン構造」の応力の求め方

「ラーメン構造物」の応力の求め方は、**7-2節**「梁の構造」と考え方は変わりません。

ただし、「柱の長さ」により、水平反力による「曲げモーメント」が各部分に生じることを考慮します。

また、本書では「ラーメン構造」の「曲げモーメント図の描き方」について**表6.4**（**6-2-6項**「応力図の描き方」より）に準じます。

表6.4

応力の種類	応力の符号と図示する箇所			
	梁		柱	
	正	負	正	負
軸力	上側	下側	右側	左側
剪断力	同上			
曲げモーメント	部材の引張側			

●「ラーメン構造」の反力

図6.53に示す「ラーメン構造」に、水平力「P」が作用します。

ローラー支点は水平力を負担できませんから、左側のピン支点に「反力」が作用します。

よって「$\Sigma H = 0$」より、

$$P - H_A = 0$$
$$H_A = P$$

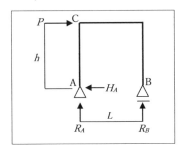

図6.53 水平力が作用する「ラーメン構造」

次に、「鉛直反力」を求めます。

「$\Sigma V = 0$」より、

$$R_A + R_B = 0$$

その次に、A点での「モーメントの釣り合い」を考えます。

「$\Sigma M = 0$」より、

$$P \times h - R_B \times L = 0$$
$$Ph = R_B L$$
$$R_B = \frac{Ph}{L}$$

です。

つまり、「R_A」は、

$$R_A + \frac{Ph}{L} = 0$$

$$R_A = -\frac{Ph}{L}$$

です。

●「柱」の応力

「柱」に作用する「応力」を考えます。

「柱」に生じる「応力」は**6-2-5項**「応力の求め方」と考え方は同じです。

まず、「柱」の「0〜h区間」の任意の位置で切断します。

「軸力」「剪断力」「曲げモーメント」が**図6.54**のように生じると仮定します。

なお、「応力」は「正の向き」で仮定します（**6-2-3項**「応力の向き」より）。

あとは「$\Sigma H = 0$」「$\Sigma V = 0$」「$\Sigma M = 0$」の力の釣り合いを考えます。

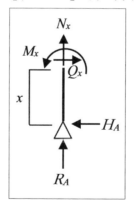

図6.54　柱(0〜h区間)の応力

「$\Sigma H = 0$」より、

$Q_x - H_A = 0$
$Q_x - P = 0$
$Q_x = P$

「$\Sigma V = 0$」より、

$N_x + R_A = 0$

$N_x = \dfrac{Ph}{L}$

「$\Sigma M = 0a$」より，

$-M_x + H_A x = 0$
$-M_x + Px = 0$
$M_x = Px$

上記より、「$x = h$」のとき「曲げモーメント」は「$M=Ph$」になります。
右側の柱の応力も同様に求めると、

「$\Sigma H = 0$」より、

$Q_x = 0$

「$\Sigma V = 0$」より、

$N_x + R_B = 0$

$N_x = -\dfrac{Ph}{L}$

「$\Sigma M = 0$」より、

$-M_x + 0 \times x = 0$
$M_x = 0$

になります。

●「梁」の応力

図6.55に示すように「0～L区間」の任意の位置で「梁」を切断します。

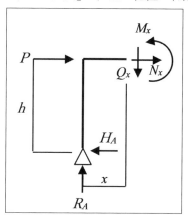

図6.55　梁(0～L区間)の応力

「$\Sigma H = 0$」「$\Sigma V = 0$」「$\Sigma M = 0$」の力の釣り合いを考えると、

「$\Sigma H = 0$」より、

$$N_x + P - H_A = 0$$
$$N_x + P - P = 0$$
$$N_x = 0$$

「$\Sigma V = 0$」より、

$$-Q_x + R_A = 0$$
$$Q_x = -\frac{Ph}{L}$$

「$\Sigma M = 0$」より、

$$-M_x + R_A x + H_A h = 0$$
$$-M_x - \frac{Ph}{L}x + Ph = 0$$
$$M_x = -\frac{Ph}{L}x + Ph$$

「梁」の「曲げモーメント」は、「$x=0$」のとき「$M=Ph$」になります。

点Cにおける「柱」と「梁」の「曲げモーメント」は同じ値です。

「ラーメン構造」の「柱」と「梁」の接合部は「剛接合」であり、「柱」と「梁」の交点(節点)の「曲げモーメント」は必ず一致します。

以上より、**図6.56**の「ラーメン構造」の「応力図」を、**図6.56**に示します。

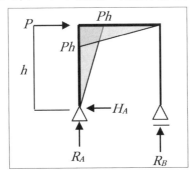

図6.56 水平力が作用するラーメン構造

「柱」があるので、「梁」と比べるとやや面倒ですが、「応力」の算定および「応力図」の描き方は、「梁」の構造と同じです。

*

たとえば、**図6.56**の「柱」の中間に荷重が作用する場合や、「梁」の中間に荷重が作用しても、計算方法は変わりません。

荷重条件や支持条件が変わっても「静定ラーメン」であれば、本項で解説した方法で反力および応力を算定できるでしょう。

第7章

断面の形状と性質

「太い（断面の）鉛筆」と「細い鉛筆」のどちらが曲げやすいか聞かれると、当然、細い鉛筆と答えるはずです。

数式で記述するまでもなく、私たちの直感はある程度、断面の性質を知っています。

では、なぜ「細い断面」のほうが曲げやすいのでしょうか。

また、鉛筆の断面を「正方形」「長方形」「三角形」にすると、どうなるでしょうか。

答を知るには、断面の力学的な性質を理解する必要があります。

もちろん、断面の知識は、構造部材の設計（断面の形状、寸法の決定）に活かされます。

ここでは「断面の形状と性質」について学びましょう。

7-1　　断面とは

これまで「柱」や「梁」の部材は線に単純化しましたが、実際には「太さ」があります。

たとえば、「梁」の軸方向に対して鉛直に切断すると、「梁の断面」（切り口の面）が見えます（**図7.1**）。

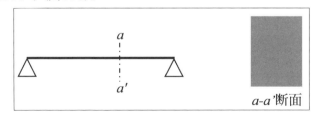

図7.1　断面

*

仮に「梁」の「断面形状」が「長方形」から「円形」に変わると、曲げやすさも変わることは簡単に想像できますね。

　「断面形状」と「寸法」を過大にすると費用が増えるため、できるだけ無駄を省いた断面としたい一方で、「断面寸法」を過少にすると部材の安全性が保たれません。

　よって、構造設計では、どのような断面が構造的合理性と経済性をバランスよく満たすのか追求するのです。

　これまで学んだ「反力」や「応力」、**次章**で学ぶ「撓み」や「座屈」は、部材の断面を決定するためと言っても言い過ぎではありません。

＊

　後述するように、断面の性質を表わすさまざまな指標があるのですが、おおむね下記2つの性能を満たすために「断面形状」と「断面寸法」を決定します。

㋐　部材の耐力
㋺　部材の固さ（剛性）

　「断面寸法」を大きくすれば㋐と㋺を満足しますが、一方で、自重による応力も大きくなります。

　そのため、単に寸法を大きくするだけでなく、応力や変形に対して効率的な「断面形状」を選びます。

7-2　断面一次モーメント

　図7.2に示す図形を微小な部分に分割すると、各部分の「重さ」が各部分の「重心」に作用します。

　さらに、各部分の「重さ」による「モーメント」は、各部分の「重さ」の合計（合力）の「モーメント」と等しくなります（**4-5節**より）。

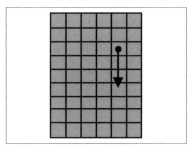

図7.2　微小部分の「重さ」と「重心」

*

さて、「重さ」は「$W = mg$」、質量「m」は「密度×体積(面積×長さ)」で算定されます。

断面の性質のみを考える場合、「長さ」「密度」「重力加速度」は無関係ですから、断面の「重さ」は、「断面の面積」だけが関係します。

よって、**4-5節**で示した「重心」を求める計算式について、「力」(重さ)を「面積」に置き換えると、**式7.1**が得られます。

式7.1による「L_x」は、「重さの中心」ではなく「図形の中心」であり、これを「**図心**」(※**式7.1**はx方向の図心)と言います。

$$L_x = \frac{A_1 L_1 + A_2 L_2}{(A_1 + A_2)} \tag{7.1}$$

さて、**式7.3**を拡張して任意図形の「図心」を求める方法を考えましょう。

図7.3に示す任意図形の微小な面積を「dA」とします。

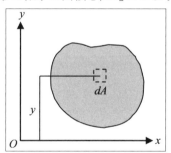

図7.3　任意図形の微小面積

原点から微小部分の「図心」までの距離を「y」とするとき、原点を中心とするx軸回りのモーメントは、

$$y \times dA = ydA \tag{7.2}$$

で求められます。

*

式7.2をy方向について積分すれば、任意図形における微小部分のモーメントの総和が求められ、**式7.3**をx軸に対する「**断面一次モーメント**」と言います。

式7.2は難解に見えますが、単に式7.1の分子を一般化しただけのことです。

$$S_x = \int y\,dA \tag{7.3}$$

y軸回りについて同様の操作を行なうと、y軸周りの「断面一次モーメント」（式7.4）が得られます。

$$S_y = \int x\,dA \tag{7.4}$$

式7.3、式7.4より、「断面一次モーメント」は、図形の面積Aと軸から図形の重心までの距離y（またはx）の積の総和ですから、

$$S_x = \sum_i y_i A_i$$

$$\tag{7.5}$$

$$S_y = \sum_i x_i A_i$$

と考えてもいいです。

「矩形」および矩形を組み合わせた図形では、式7.5のほうが実用的です。

「断面一次モーメント」の単位は「長さ」の3乗なので、「mm^3」や「cm^3」などを用います。

以上より、任意図形の「図心」は式7.6で求められます。

x方向の「図心」はy軸回り、y方向の「図心」はx軸回りの「断面一次モーメント」となる点に注意したいですが、**4-5節**「モーメントの釣り合いと合力の作用点（重心）」を読めば、理解していただけるでしょう。

$$x_f = \frac{S_y}{A}$$

$$\tag{7.6}$$

$$y_f = \frac{S_x}{A}$$

または、**式7.7**となります。

$$
x_f = \frac{\sum_i x_i A_i}{\sum_i A_i}
$$

$$
y_f = \frac{\sum_i y_i A_i}{\sum_i A_i}
$$

(7.7)

たとえば、**図7.4**に示す長方形のx軸まわりの「断面一次モーメント」を**式7.7**で求めると、

$$
S_x = \sum_i y_i A_i = \frac{b}{2} \times a \times b = \frac{ab^2}{2}
$$

になります。

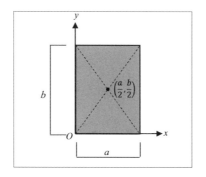

図7.4 長方形の「断面一次モーメント」
*

次に、**式7.3**を用いて計算します。

「dA」は微小面積で「$dA = dy \times a$」ですから（**図7.4**）、

$$
S_x = \int_0^b y \, dA = a \int_0^b y \, dy = a \left[\frac{y^2}{2} \right]_0^b = \frac{ab^2}{2}
$$

となります。

図7.5のように、座標軸を「図心」に移して図心軸まわりの「断面一次モーメント」について考えます。

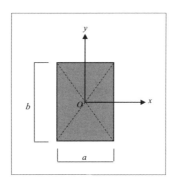

図7.5　図心軸まわりの「断面一次モーメント」

x軸まわりの「断面一次モーメント」は、x軸の上下の値で打ち消して0になります。

y軸まわりも同様であり、図心まわりの「断面一次モーメント」は0です。

これは**4-4節**「天秤の釣り合い」で、「重心」（合力の作用点）におけるモーメントの総和が0になることと同じ意味合いです。

つまり、「図心」とは"「断面一次モーメント」の値が0になる点"と定義されます。

7-2-1 「図心」の計算

図7.6に示す「H形断面」の「断面一次モーメント」および「図心」を求めましょう。

複雑に**見える**断面でも矩形の組み合わせの場合、積分が不要な**式7.5**を使えます。

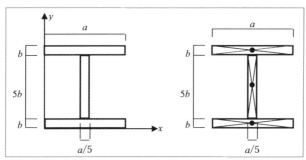

図7.6　「図心」の計算

「H形断面」をいくつかの矩形に分解すると、**図7.6**に示す長方形の組み合わせであることが分かります。

長方形の図心位置は対角線の交点です。

つまりx軸およびy軸まわりの「断面一次モーメント」は、

$$S_x = \sum_i y_i A_i = 0.5b \times ab + 3.5b \times ab + 6.5b \times ab$$

$$= 0.5ab^2 + 3.5ab^2 + 6.5ab^2 = 10.5ab^2$$

$$S_y = \sum_i x_i A_i = \frac{a}{2} \times ab + \frac{a}{2} \times ab + \frac{a}{2} \times \frac{a}{5} \times 5b$$

$$= 0.5ab^2 + 0.5ab^2 + 0.5ab^2 = 1.5ab^2$$

です。

＊

次に「図心」を求めます。

「H形断面」の「断面一次モーメント」を断面積で割り算すると、

$$x_f = \frac{\sum_i x_i A_i}{\sum_i A_i} = \frac{1.5ab^2}{3ab} = 0.5a$$

$$y_f = \frac{\sum_i y_i A_i}{\sum_i A_i} = \frac{10.5ab^2}{3ab} = 3.5a$$

になります。

以上より、「H形断面」の「図心」は$(0.5a , 3.5b)$です。

式7.6から分かるように、「図心」は軸に対する図形の偏りです。

つまり、「上下・左右対称」の図形の「図心」は、図形の真ん中にあります。

「H形断面」は「上下・左右対称」なので、計算しなくても図形の真ん中が「図心」です。

7-3 慣性モーメント

次に、「**断面二次モーメント**」について学びます。

「断面一次」の次に「断面二次」を学ぶので、両者はとても関係性が深いように思えます。

ところが、「断面二次モーメント」は、「断面一次モーメント」とは異なる発想により求められます。

「断面一次モーメント」は図形の「図心」を求める過程の中で定義しました。

「断面二次モーメント」は、物体の回転のしやすさに着目して定義されます。

図7.7に示すように、点Oを中心に物体を回すことを考えます。

物体A、Bのどちらが回しやすいか考えましょう。

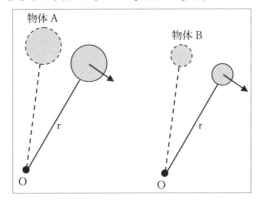

図7.7 物体の回転と質量

直感的に質量の大きい物体Aのほうが回しにくい、と感じる方が多いと思います。

では、**図7.8**に示す条件はどうでしょうか。

物体A、Bの質量は同じですが、「回転中心」から「物体の中心」までの距離が違います。

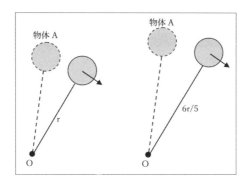

図7.8　物体の回転と半径

図7.8の場合、距離の長いBのほうが回しにくいと感じたはずです。

さて、物体の質量を「m」、「回転中心」から「物体の中心」までの距離(回転半径)を「r」とするとき、「m」と「r」の2乗の積を「**慣性モーメント**」と言います。

$$I = mr^2$$

さらに、物体を回転させようとする力「M」と慣性モーメント「I」の関係は**式7.8**で示されます。

「$\theta"(t)$」は「角加速度」で、回転角の2回微分で求められます。

$$M = I\theta''(t) \tag{7.8}$$

式7.8より慣性モーメント「I」が大きくなるほど、「角加速度」は小さくなります(回転がゆっくりになる)。

つまり、「慣性モーメント」の大きいほうが回しにくいのです。

7-4 断面二次モーメント

前節で解説した「慣性モーメント」を、断面の回転のしやすさに置き換えて考えましょう。

「慣性モーメント」は「$I = mr^2$」で求められます。

断面について考えるのですから、「$m\ (= \rho AL)$」の密度「ρ」と長さ「L」を無視すれば、質量「m」は断面積「A」に置き換えできます。

また、回転中心を任意のx軸、y軸と考え、軸から断面の図心までの距離をx、yとすれば、x軸、y軸まわりの回転のしやすさ、すなわち「曲げやすさ」を表わす**式7.9**が得られます。

$$I_x = Ay^2$$
$$I_y = Ax^2 \tag{7.9}$$

式7.9より、「I」はx、yの2乗に比例するので、「断面積の大きさ」よりも「軸から図心までの距離」を離すほうが、効率的に「曲げにくい断面」にできることが分かります。

次に、回転軸を「図心」として任意断面の「曲げやすさ」を考えます（**図7.9**）。

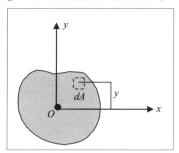

図7.9 任意図形の「断面二次モーメント」

「任意断面」の「微小断面積」を「dA」とし、x軸から微小断面の「図心」までの距離をyとします。

このとき微小断面の「曲げやすさ」は**式7.10**で表わします。

$$dAy^2 \tag{7.10}$$

全断面の「曲げやすさ」を求めるには、微小断面における値(**式7.10**)の総和、すなわち積分すればいいので、

$$I_x = \int y^2 \, dA \qquad (7.11)$$

が得られます。

式7.11をx軸まわりの「断面二次モーメント」と言います。
同様にy軸まわりの「断面二次モーメント」は、

$$I_y = \int x^2 \, dA$$

となります。

また、矩形断面や矩形を組み合わせた「断面形状」では、**式7.12**、**式7.13**のほうが実用的です。

$$I_x = \sum_i y_i{}^2 A_i \qquad (7.12)$$

$$I_y = \sum_i x_i{}^2 A_i \qquad (7.13)$$

式7.12、**式7.13**より「断面二次モーメント」は、断面の「曲げやすさ」(曲げにくさ)を表わします。

「断面二次モーメント」の単位は長さの4乗なので、「mm⁴」や「cm⁴」などを用います。

式7.12、**式7.13**より、「図心」に近い断面は「断面二次モーメントの大きさ」にあまり寄与しません。

このことから、「図心」に近い断面は削ぎ落して軽量化し、「図心」からできるだけ離した位置に断面を配置する(「せい」を大きくする)と効率的な断面が得られる、という発想が生まれます。

＊

　鋼のような加工性に優れた材料では、「箱形」や「H形」「I形」など、さまざまな形状の断面があります。

　また、「断面二次モーメント」は、「梁の撓み」「座屈」「曲げ応力度」など、あらゆる場面で使います。

7-4-1　「強軸」と「弱軸」

　軽量かつ「断面二次モーメント」の大きい断面形状の1つが「H形断面」です。

　図**7.10**に示す「H形断面」について、x軸、y軸まわりのどちらが曲げやすいかを考えます。

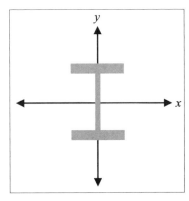

図7.10　「強軸」と「弱軸」

　直感的に、y軸まわりのほうが曲げやすいと感じると思います。

　式7.12、**式7.13**より「図心」に近い断面は「断面二次モーメント」の値にあまり寄与しませんので、実際、「H形断面」の「I_x」と「I_y」を比較すると「$I_x > I_y$」の関係になります。

　「断面二次モーメント」の大きい軸を「**強軸**」、小さい軸を「**弱軸**」と言います。

　細幅のH形鋼のように、幅の狭い「H形断面」では「$\frac{I_x}{I_y}$」は10倍以上となり、必ず荷重に対して強軸向きに断面を配置することが原則となります。

　たとえば、「鉛直荷重」に対しては**図7.11**のように配置し、「水平荷重」(風圧力)に対しては**図7.12**のように配置します。

＊

　なお、**図7.12**のように「風圧力」に対して強軸向きに配置した梁を「**耐風梁**」と言います。

ただし、「耐風梁」は「風圧力」に対して強軸ですが、外壁などの荷重は「鉛直向き」に作用するため、「弱軸方向」の検討も必要とします。

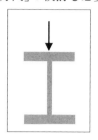

図7.11 「鉛直荷重」に対して強軸方向の断面

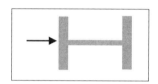

図7.12 「風圧力」に対して強軸方向の断面

7-4-2 座標軸を平行移動した「断面二次モーメント」

次に、「原点O」とその座標軸xyを考え、その座標軸が(x_o, y_o)だけ平行移動した座標軸uvと「断面二次モーメント」の関係を考えましょう。

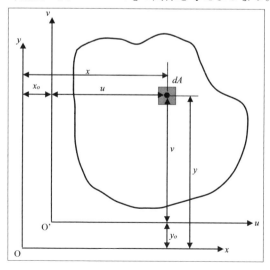

図7.13 座標軸を平行移動した断面二次モーメント

x軸まわりの「断面二次モーメント」は、

$$I_x = \int y^2 \, dA$$

です。

x軸とu軸の関係より、

$$I_x = \int y^2 \, dA = \int (y_o + v)^2 \, dA = \int y_o^2 \, dA + 2y_o \int v \, dA + \int v^2 \, dA$$
$$= y_o^2 A + 2y_o \int v \, dA + I_u$$
$$= y_o^2 A + 2y_o S_u + I_u$$

となります。

「S_u」はu軸まわりの「断面一次モーメント」、「I_u」はu軸まわりの「断面二次モーメント」です。

y軸まわりも同様に求めると、

$$I_y = x_o^2 A + 2x_o S_v + I_v$$

になります。

*

ここに、uv座標軸を断面の図心に平行移動することを考えます。

「図心」では「断面一次モーメント」は0になるので、

$$S_u = 0$$
$$S_v = 0$$

以上より、xy軸から断面の図心に軸を平行移動したときのx軸、y軸まわりの「断面二次モーメント」は、

$$I_x = y_o^2 A + I_u$$
$$I_y = x_o^2 A + I_v$$

(7.14)

となります。

式7.14より、「$y_o^2 A$」および「$x_o^2 A$」は正の値であり、座標軸が図心を通れば「$x_o = y_o = 0$」になるので、「図心」を通る「断面二次モーメント」は必ず最小値となることが分かります。

また、式7.14は「図心」から離れた位置にある断面(たとえば、「H形断面」のフランジなど)の「断面二次モーメント」の算定に役立ちます。

7-4-3 いろいろな形状の「断面二次モーメント」

「構造部材」として用いられることの多い断面の図心軸における、x軸まわりの「断面二次モーメント」を算定します。

ただし、実際の鋼材の断面として用いるH形、箱形には「フィレット」(フランジとウェブによる入隅の曲面部)があるため、差異がある点に注意しましょう。

●長方形断面

図7.14に示す長方形断面の「断面二次モーメント」を求めます。

本計算では積分による方法で求めますが、以降は場合に応じて本計算で得られた公式を用います。

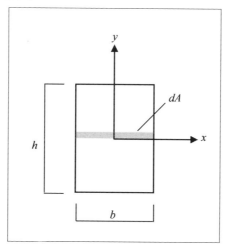

図7.14 長方形断面

x軸周りの「断面二次モーメント」を求めます。

図7.14より「$dA = b \times dy$」、「図心」を原点として$-\dfrac{h}{2}$から$\dfrac{h}{2}$の範囲で積分を解けばよいので、

$$I_x = \int y^2\, dA = b\int_{-\frac{h}{2}}^{\frac{h}{2}} y^2\, dy = 2b\int_0^{\frac{h}{2}} y^2\, dy = 2b\left[\frac{y^3}{3}\right]_0^{\frac{h}{2}} = \frac{2b\left(\frac{h}{2}\right)^3}{3} = \frac{bh^3}{12}$$

となります。

　同様にy軸まわりの「断面二次モーメント」を求めます。

「$dA = h \times dx$」「図心」を原点として$-\frac{b}{2}$から$\frac{b}{2}$の範囲で積分を求めると、

$$I_y = \int x^2\, dA = h\int_{-\frac{b}{2}}^{\frac{b}{2}} x^2\, dx = 2h\int_0^{\frac{b}{2}} x^2\, dx = 2h\left[\frac{x^3}{3}\right]_0^{\frac{b}{2}} = \frac{2h\left(\frac{b}{2}\right)^3}{3} = \frac{hb^3}{12}$$

になります。

　上式より長方形の「断面二次モーメント」は高さ（せい）の3乗に比例します。
つまり、幅を広げるよりも高さを大きくしたほうが効率的と言えます。

　なお、長方形の「断面二次モーメント」の公式は必ず暗記しましょう。
　長方形を組み合わせた「断面形状」の場合、$\frac{bh^3}{12}$を用いれば、積分しないで算定できます。

●H形・溝形断面
　「H形断面」は、2枚の板（フランジ）と1枚の板（ウェブ）を組み合わせた図形です（**図7.15**）。

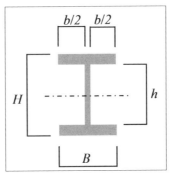

図7.15　H形断面

求め方にはさまざまな考え方があります。

たとえば、**図7.16**のように「H形断面」は1つの長方形から2つの長方形を引いた形状です。

よって、①の「断面二次モーメント」から②の「断面二次モーメント」を引けば、「H形断面」の「断面二次モーメント」が得られます。

①、②ともに長方形断面なので**前項**の公式が使えます。

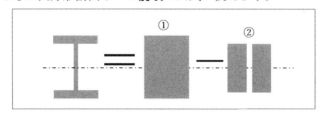

図7.16　「H形断面」の分解

> ※あるいは、ウェブの「断面二次モーメント」を長方形断面の公式で求め、「フランジ」の「断面二次モーメント」は**式7.14**で算定して両者を合計すれば、「H形断面」の「断面二次モーメント」が得られます。

図7.16の①の「断面二次モーメント」は、

$$I_{x1} = \frac{BH^3}{12}$$

です。

②の「断面二次モーメント」は、

$$I_{x2} = \frac{bh^3}{12}$$

なので、①から②を引くと、

$$I_x = I_{x1} - I_{x2} = \frac{BH^3}{12} - \frac{bh^3}{12} = \frac{(BH^3 - bh^3)}{12} \tag{7.15}$$

となります。

また、**図7.17**に示す「溝形断面」の「断面二次モーメント」も**式7.15**と同様になります。

「H形断面」と比べると「溝形断面」ではウェブが平行移動しただけであり、x軸まわりの「断面二次モーメント」については、なんら影響しません。

ただし、y軸まわりの「断面二次モーメント」は異なる点に注意しましょう。

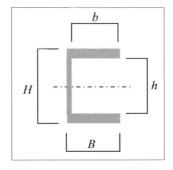

図7.17　溝形断面

●箱形断面

図7.18に示す箱形断面のx軸まわりの「断面二次モーメント」は**式7.15**で算定できます。

見た目は違いますが、「H形断面」のウェブが「フランジ」の両端に平行移動したもので計算結果は変わりません。

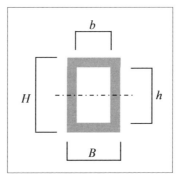

図7.18　箱形断面

鉄骨造の「柱」には**図7.19**に示すような、「幅」と「高さ」の等しい「箱形断面」を用います。

図7.18の「断面二次モーメント」は、

$$I_x = \frac{(A \times A^3 - a \times a^3)}{12} = \frac{A^4 - a^4}{12}$$

になります。

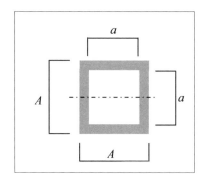

図7.19　箱形断面

●円形・筒形断面

　円の「断面二次モーメント」は積分による式で算定します。

　円の性質を理解していれば、長方形断面と考え方は同じです。

　図7.20に示す円の半径を「r」、円の任意の点におけるy座標の値を「y」とします。

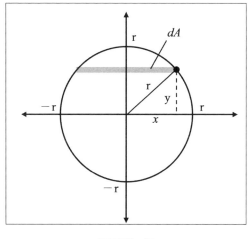

図7.20　円

　図7.20のように、微小断面は長方形とみなせるので微小面積「dA」は長方形の面積ですから、微小長さ「dy」とx方向の長さの積です。

　任意の点におけるy座標の値が「y」、半径「r」なので、x座標の値は「ピタゴラスの定理」より、

$$\begin{aligned} x^2 + y^2 &= r^2 \\ x^2 &= r^2 - y^2 \\ x &= \sqrt{r^2 - y^2} \end{aligned} \qquad (7.16)$$

となります。

「$-y$」から「y」のxの長さは、**式7.16**を2倍すればいいから、

$$x = 2\sqrt{r^2 - y^2}$$

となります。

以上より、微小面積「dA」は

$$dA = dy \times x = 2\sqrt{r^2 - y^2}\,dy$$

です。

*

あとは「$-r$」から「r」まで「$y^2 dA$」を積分すると、

$$I_x = \int y^2\,dA = 2\int_{-r}^{r} y^2 \sqrt{r^2 - y^2}\,dy \qquad (7.17)$$

となります。

式7.17は「置換積分」あるいは「部分積分」で解きますが、ここでは積分公式を示し、途中の導出は省略します。

$$\int y^2 \sqrt{r^2 - y^2}\,dy = -\frac{y}{4}\sqrt{(y^2 - r^2)^3} + \frac{r^2 y}{8}\sqrt{r^2 - y^2} + \frac{r^4}{8}\sin^{-1}\frac{y}{r}$$

です。

根号を含む式に「r」や「$-r$」を代入しても0になるので、

$$I_x = 2\left[-\frac{y}{4}\sqrt{(y^2 - r^2)^3} + \frac{r^2 y}{8}\sqrt{r^2 - y^2} + \frac{r^4}{8}\sin^{-1}\frac{y}{r} \right]_{-r}^{r} = 2\left\{ \frac{r^4}{8}\sin^{-1}1 - \left(-\frac{r^4}{8}\sin^{-1}1 \right) \right\}$$

になります。

「$\sin^{-1}(1) = \frac{\pi}{2}$」なので、

$$I_x = 2\left\{\frac{r^4}{8}\sin^{-1}1 - \left(-\frac{r^4}{8}\sin^{-1}1\right)\right\} = \frac{\pi r^4}{8} + \frac{\pi r^4}{8} = \frac{\pi r^4}{4}$$

です。

直径 D と半径 r の関係は「$r = \frac{D}{2}$」より、

$$I = \frac{\pi r^4}{4} = \frac{\pi}{4} \times \frac{D^4}{16} = \frac{\pi D^4}{64}$$

となります。

筒形断面の「断面二次モーメント」は**前項**の公式を使えばいいです。

図7.21に示す筒形断面の「断面二次モーメント」は、直径 D を用いた値から内径 d の値の差ですから、

$$I = \frac{\pi D^4}{64} - \frac{\pi d^4}{64} = \frac{\pi(D^4 - d^4)}{64}$$

となります。

図7.21　筒断面

7-4-4　断面極二次モーメント

図7.22に示す「直交座標系」を「極座標系」(極 O からの距離 r と角 θ で表わす座標系)に置き換えます。

このとき r 軸まわりの「断面二次モーメント」は、

$$I_p = \int r^2\, dA \tag{7.18}$$

です。

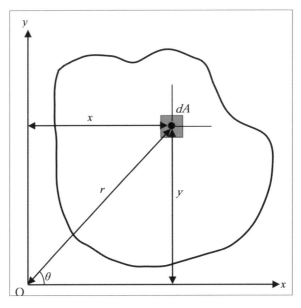

図7.22　極座標系

　任意の座標(x,y)点は極座標系で考えると「ピタゴラスの定理」より、

$$r^2 = x^2 + y^2$$

ですから、**式7.18**は、

$$I_p = \int r^2 \, dA = \int (x^2 + y^2) \, dA = I_x + I_y$$

となります。

　「**断面極二次モーメント**」は部材の「ねじり」に対する「断面の固さ」などを表わします。

7-5 断面係数

8-8節「梁の曲げ応力度」より「曲げ応力度」は**式7.19**で求めます。

「曲げ応力度」は断面の上端、下端で最大値または最小値をとり「σ_t」は引張側の応力度、「σ_c」は圧縮側の応力度です。

$$\sigma_t = \frac{M}{I}y_1$$

$$\sigma_c = \frac{M}{I}y_2 \tag{7.19}$$

式7.19について「$\frac{I}{y} = z$」とすれば、

$$\sigma_t = \frac{M}{Z_1}$$

$$\sigma_c = \frac{M}{Z_2} \tag{7.20}$$

となります。

式7.20のZを「**断面係数**」と言います。

Iは「断面二次モーメント」、yは「断面の中立軸」(応力度が「0」となる軸)から上端または下端までの距離です。

よって、「断面係数」の単位は「cm^3」「mm^3」などで表わします。

式7.20に示すように「曲げ応力度」は、「曲げモーメント」を「断面係数」で除した値です。

構造設計の実務では、**式7.20**で算定した「曲げ応力度」と部材の許容応力度「f_A」を比較して、「$\sigma_t\,(\sigma_c) < f_A$」の関係になるよう断面を決定します。

図7.23に示す長方形断面の「断面係数」を求めます。

「断面二次モーメント」の公式は**7-4-3項**で導出しており、「$I = \frac{bh^3}{12}$」です。中立軸は断面の図心にあるため「$y = \frac{h}{2}$」なので、「断面係数」は、

$$Z = \frac{I}{y} = \frac{\dfrac{bh^3}{12}}{\dfrac{h}{2}} = \frac{bh^2}{6}$$

となります。

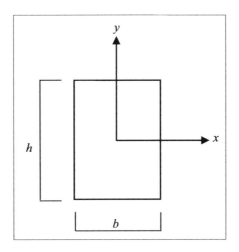

図7.23　長方形断面

7-6　断面二次半径

8-3節「慣性モーメント」より、物体の回しにくさは物体の質量mと回転半径rが関係します。

慣性モーメント「I」は、

$$I = mr^2$$

で求められるので、上式を回転半径rについて解けば、

$$r = \sqrt{\frac{I}{m}}$$

が得られます。

8-4節「断面二次モーメント」より、「慣性モーメント」と「断面二次モーメン

ト」の対応関係から、mは断面積A、Iはx軸、y軸まわりの断面二次モーメント「I_x」「I_y」に置き換えると**式7.21**となり、この「i_x」「i_y」を「断面二次半径」と言います。

「断面二次半径」の単位は、「mm」や「cm」で表わします。

$$i_x = \sqrt{\frac{I_x}{A}}$$

$$i_y = \sqrt{\frac{I_y}{A}}$$
(7.21)

　回転半径rの値が大きいほど物体は回転しにくいのと同様に、「**断面二次半径**」の値が大きいほど断面は曲げにくいと言えます。

第8章

「応力度」と「歪」

　第6章「静定構造物の反力と応力」で「部材」を線材として考えたために、「応力」は部材の「図心」に、「集中力」あるいは「モーメント」の形で作用しました。

　しかし、「部材」には「太さ」（断面）があり、実際には「断面の微小部分」ごとに「内力」が生じます。

　すなわち、「断面の微小部分」に生じる「内力」の総和が「応力」で、「断面の各部分」に分布する「内力」を「応力度」といいます。

　本章では「各応力」によって断面にどのような力が分布するのか、「断面」との関係、「応力度」と「歪」の関係を学びます。

8-1　応力度

　「部材」に生じる「応力」を求めるとき、「部材」は「線材」に置換しているため、「断面」のことは考えず、「応力」は線材に「集中力」または「モーメント」の形で作用すると考えました。

　しかし、実際の「部材」には「太さ」があり、「断面の微小部分」ごとに「内力」が生じます（**図8.1**）。

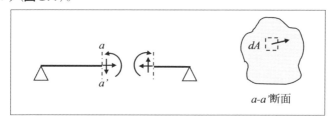

図8.1　応力度

　すなわち、「断面の微小部分」に生じる「内力の総和」(「曲げモーメント」の場合は「力×距離」の総和)が、**第6章**で解説した「応力」です。

　図8.1に示す微小部分の面積「dA」を「断面の単位面積」と考えれば、そこに生じる「内力」は「単位面積あたりの応力」であり、これを「**応力度**」と言います。

> ※なお、建築・土木分野以外では、「応力」の意味で「**合応力**」、「応力度」の意味で「**応力**」と呼ぶこともあります。

＊

　さて、「応力度」が「単位面積あたりの応力」といっても、単に「応力」を断面積で割れば算定できるとは限りません。

　なぜかと言うと、「応力度が断面にどのように分布するか」に応じて考え方は変わるからです(**図8.2**)。

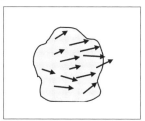

図8.2　「応力度」の分布は？

＊

　「応力」には、①**軸力**、②**剪断力**、③**曲げモーメント**があります。

　各応力によって、断面にどのように力が分布するのか以下に説明します。

部材に「軸力」が作用するとき、軸方向に対して垂直に切断した断面には、図8.3に示すように一様に「応力度」が分布します。

この「応力度」を「**軸方向応力度**」と言います。

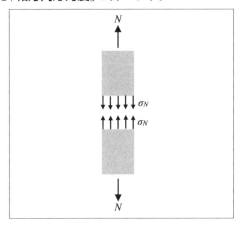

図8.3 軸方向応力度

「軸方向応力度」は断面に一様に分布するので、軸力Nを断面積Aで除して**式8.1**が得られます。

$$\sigma_N = \frac{N}{A} \qquad\qquad (8.1)$$

また、**図8.3**に示すように断面を軸方向に引張る応力度を「**引張応力度**」、圧縮する方向に生じる応力度を「**圧縮応力度**」と言います。

軸方向応力度「σ_N」は単位面積あたりの力なので、単位は「N/mm^2」「N/cm^2」「N/m^2」などで表わします。

8-1-2　剪断応力度

「**剪断応力度**」は断面に一様に分布しません。

たとえば、長方形に生じる「**剪断応力度**」は**図8.4**のように放物線を描いて分布します。

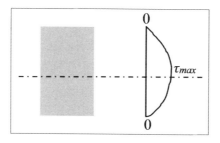

図8.4　剪断応力度

「剪断応力度」の最大値（最大剪断応力度）は断面の図心位置で生じ、断面の最外縁では0となります。

また、「剪断応力度」の分布が断面に一様と考えるとき、「剪断応力度」は、

$$\tau_m = \frac{Q}{A} \tag{8.2}$$

で算定され、「τ_m」を「**平均剪断応力度**」と言います。

図8.5に示すように、「最大剪断応力度」と「平均剪断応力度」には差異がありますが、この差が少なければ簡便な**式8.2**を用いて「剪断応力度」を算定してもよいでしょう。

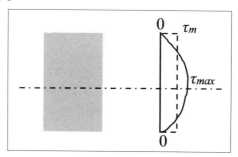

図8.5　最大剪断応力度と平均剪断応力度

※なお、「剪断応力度」の詳細は8-9節「梁の剪断応力度」で解説します。

8-1-3 曲げ応力度

「部材」に「曲げモーメント」が作用すると**図8.6**のように変形します。

このとき「部材」の上側は縮み、下側は伸びますが、伸びも縮みもしない面があります。

この面を「**中立面**」と言い、「中立面」と断面が交わる軸を「**中立軸**」と言います。

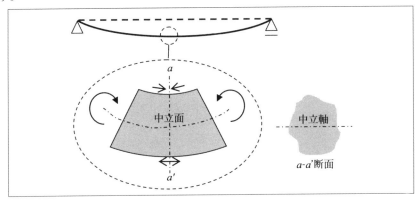

図8.6　中立面と中立軸

「部材」に「伸び」が生じるとき「引張力」が作用し、「縮む」とき「圧縮力」が作用します。

つまり、「曲げ応力度」は「中立軸」を境に、断面の上側では「圧縮応力度」、下側には「引張応力度」が作用します。

図8.7のように「曲げ応力度」は断面の最外縁で最大(最小)となり。中立軸で0です。

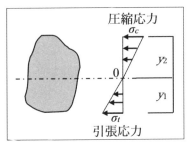

図8.7　曲げ応力度

「曲げ応力度」は**式8.3**で求めます。

$$\sigma_t = \frac{M}{I} y_1$$

$$\sigma_c = \frac{M}{I} y_2$$

(8.3)

式8.3の誘導や「曲げ応力度」の詳細は**8-8節**で解説します。

8-2　任意断面の応力度

図8.8のように引張力Pの作用する部材を軸方向に対して、任意の「角度θ」をつけて切断するときの「応力度」を考えます。

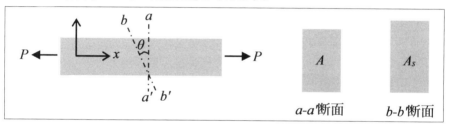

図8.8　任意断面の断面積

鉛直に切断したときの「断面積」を「A」とするとき、斜面の断面積「A_s」は、

$$A_S = \frac{A}{\cos\theta}$$

(8.4)

になります。

式8.4より、「$\theta = 0$」のとき「$A_s = A$」となり、θが大きくなると、「A_s」は増大します。

このとき軸方向の応力度「σ_x」は、

$$\sigma_x = \frac{P}{A_S} = \frac{P}{\dfrac{A}{\cos\theta}} = \frac{P}{A}\cos\theta = \sigma_N\cos\theta \qquad (8.5)$$

となります。

　式8.5に示す「軸方向応力度」は、斜面に対して垂直、平行な応力度に分解できます。

　垂直方向に作用する応力度を「垂直応力度」といい、平行に作用する応力度は「剪断応力度」です。

　図8.9に示すように「σ_x」と「θ」、垂直応力度「$\sigma_N{}'$」、剪断応力度「τ」の関係から、「$\sigma_N{}'$」と「τ」は、**式8.6**、**式8.7**のように算定できます。

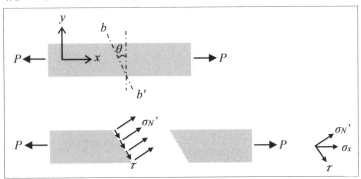

図8.9　任意断面の応力度

$$\sigma_N' = \sigma_x\cos\theta = \sigma_N\cos^2\theta = \frac{\sigma_N}{2}(1 + \cos2\theta) \qquad (8.6)$$

$$\tau = \sigma_x\sin\theta = \sigma_N\cos\theta\sin\theta = \frac{\sigma_N}{2}\sin2\theta \qquad (8.7)$$

　なお、「垂直応力度」は「引張側」を正値とし、「剪断応力度」は「右下がり」を正値とします。

式8.6、式8.9について「$\theta = 0$」のとき、

$$\sigma_N' = \frac{\sigma_N}{2}(1 + \cos2\theta) = \frac{\sigma_N}{2}(1 + \cos0) = \frac{\sigma_N}{2} \times 2 = \sigma_N$$

$$\tau = \frac{\sigma_N}{2}\sin2\theta = 0$$

となります。

つまり、軸方向に対して垂直に切断した断面には「軸方向応力度」のみ生じます。

次に、「$\theta = \frac{\pi}{4}(45度)$」では、

$$\sigma_N' = \frac{\sigma_N}{2}(1 + \cos2\theta) = \frac{\sigma_N}{2}$$

$$\tau = \frac{\sigma_N}{2}\sin2\theta = \frac{\sigma_N}{2}$$

となり、$\theta = 45$度のとき最大の「剪断応力度」を得ます。

棒を引張っているのに「剪断応力度」が生じるのは、直感的に理解できないかもしれません。

仮に「剪断強度」が引張強度に比べて遥かに小さい材料の場合、引張試験をすると45度方向にズレが生じて破断するでしょう。

式8.6、式8.7の両辺を2乗して足し算すると、式8.8が得られます。

式8.8は中心が$(\frac{\sigma_N}{2}, 0)$で、半径が$\frac{\sigma_N}{2}$の円の方程式を意味します。

$$\left(\sigma_N' - \frac{\sigma_N}{2}\right)^2 + \tau^2 = \left(\frac{\sigma_N}{2}\right)^2 \tag{8.8}$$

式8.8の円を「モールの応力円」と言います。

式8.8は一軸方向の応力度を表わす「モールの応力円」ですが、2軸方向および3軸方向の応力度を表わす「モールの応力円」もあります。

また、剪断応力度「τ」が0になる面（**図8.9**の場合は$\theta = 0$度の面）を「**主応力面**」といい、主応力面に垂直に作用する応力度を「**主応力度**」と言います。

さらに、主応力度の最大値と最小値を、それぞれ「**最大主応力度**」「**最小主応力度**」とします。

8-3 歪（ひずみ）

図8.10に示すように部材を軸方向に引張ると伸びが生じます。

部材の元の長さを「L」、伸びを「ΔL」とするとき、元の長さに対する伸びの比率を「**公称歪**」（または単に「**歪**」）と言います。

「歪」は**式8.9**で求められます。

「歪」は無次元量で表わします。

$$\varepsilon = \frac{\Delta L}{L} \tag{8.9}$$

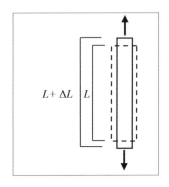

$L + \Delta L$ L

図8.10　公称歪

また、**4-2節**「微小変形理論」で示したように、部材の長さは引張力により少しずつ変化します。

部材の元の長さ「L」に伸び「ΔL」を考慮する場合の歪「ε'」は、**式8.10**などで求められます。

この「歪」を、「**真歪**」または「**対数歪**」と言います。

$$\varepsilon' = \ln(1 + \varepsilon) \tag{8.10}$$

※「ln」は自然対数「$\log_e$」を意味する

伸び「$\varDelta L$」が微小の場合「ε」と「ε'」は、おおむね等しくなるため、一般に計算が簡便な**式8.9**を「歪」の計算式として使います。

8-4 ポアソン比

第5章「力と変形」や前節では、部材の「伸び」「歪」について力が作用する方向にのみ考えました。

実際は物体に引張力を加えると、縦方向に伸びると同時に、横方向には縮むように変形します。

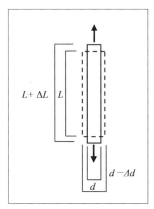

図8.11 「縦歪」と「横歪」

縦方向の「歪」を縦歪「ε_y」、横方向の歪「ε_x」を「横歪」と定義すれば、それぞれ**式8.11**で求められます。

$$\varepsilon_x = \frac{\varDelta L}{L}$$

$$\varepsilon_y = \frac{\varDelta d}{d}$$

(8.11)

このとき「横歪」と「縦歪」の比を「**ポアソン比**」と言います。

ポアソン比「v」は**式8.12**で求められます。

$$\nu = \frac{\varepsilon_x}{\varepsilon_y} \tag{8.12}$$

「ポアソン比」は材料ごとに決まる値で、鋼は「約0.3」、普通コンクリートは「約0.2」、アルミニウムで「約0.3」などの値を用います。

8-5 「弾性係数」「応力度」と「歪」の関係

第5章「力と変形」より多くの物体には「フックの法則」(**式8.13**) が成り立ちます。

「f」は力、「k」はバネ定数、「x」は変位量です。

$$f = kx \tag{8.13}$$

式8.13は、変位量「x」と力「f」が比例関係にあることを示しますが、部材の「固さ」を表わす「k」は同じ材料を用いても断面の「形状」や「大きさ」「部材の長さ」が影響するため、やや扱いづらさが残ります。

そこで「フックの法則」の「力」を「応力度σ」に、「変位量」を「歪ε」に置き換えるとき、バネ定数「k」は弾性係数「E」と定義されて、**式8.14**のように示されます。

「弾性係数」は「トーマス・ヤング」(1773-1829) によって取り入れられたことから、「**ヤング係数**」(**ヤング率**)などと言います。

$$\sigma = E\varepsilon \tag{8.14}$$

「E」は材料のみで決まる値であり、断面形状や寸法、部材長さに左右されません。

つまり、「弾性係数」は材料の「固さ」を表わす値です。

図8.12に引張力の作用する棒の伸び「$\varDelta L$」について考えます。

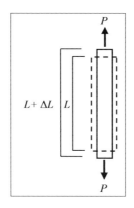

図8.12　棒の応力度と歪

　棒には「フックの法則」が成り立ちます。

　また、「軸方向応力度」「歪」は、

$$\sigma = E\varepsilon$$

$$\varepsilon = \frac{\Delta L}{L}$$

$$\sigma = \frac{P}{A}$$

です。

　以上の関係から、

$$\frac{P}{A} = E\frac{\Delta L}{L}$$

$$\Delta L = \frac{PL}{EA}$$

(8.15)

になります。

　式8.5より、棒の伸びは弾性係数および断面積が大きいほど小さくできます。

　さらに**式8.5**をPについて求めると、

$$P = \left(\frac{EA}{L}\right)\Delta L$$

となり、フックの法則「$f = kx$」と比較すれば、

$$k = \frac{EA}{L} \tag{8.16}$$

となります。

　式8.16より棒の剛性（バネ定数）は、断面積A、弾性係数Eが大きいほど、部材が短いほど増加することが分かります。

8-6 「剪断弾性係数」と「剪断応力度」と「歪」の関係

　「剪断応力度τ」と「歪γ」も「フックの法則」が成立し、**式8.17**の関係で表わせます。

　「G」を「剪断弾性係数」、「γ」を「剪断歪」と言います。

$$\tau = G\gamma \tag{8.17}$$

　「剪断弾性係数」は「剪断応力度τ」に対する「固さ」を表わします。

> ※「曲げ応力度」は引張と圧縮の組み合わせ応力なので弾性係数と対応する。

　図8.13に示す正方形物体に「剪断応力度τ」が作用すると「ΔL」の変形が生じて平行四辺形になります。

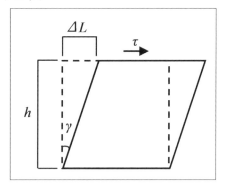

図8.13　剪断歪

　「剪断歪γ」は物体の高さhに対する「ΔL」の比率、すなわち「角度」で表わします。

$$\gamma = \frac{\Delta L}{h}$$

「剪断弾性係数 G 」は**式8.18**で求められます。

「 E 」は弾性係数、「 ν 」はポアソン比です。

$$G = \frac{E}{2(1+\nu)} \qquad (8.18)$$

　鋼の弾性係数は「 $2.05 \times 10^5 \mathrm{N/mm}^2$ 」、ポアソン比は「0.3」とすれば、鋼の弾性係数は

$$G = \frac{2.05 \times 10^5}{2(1+0.3)} = \frac{2.05 \times 10^5}{2.6} = 78846 ≒ 79000 N/mm^2$$

となります。

　上式のように構造材料の「剪断弾性係数」は、弾性係数の半分以下の値です。

8-7　鋼の「応力度」と「歪」の関係

5-2節「フックの法則と弾性体」で力と変形の関係をグラフで表わしました。

　同様に鋼の「応力度」と「歪」の関係をグラフで表わすと**図8.14**のようになります。

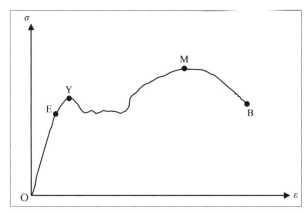

図8.14　鋼の「応力度」と「歪」の関係

　鋼に引張力を加えると、線形的に「応力度」と「歪」が増えます。

　材料が弾性の性質を示す限度を「弾性限度」と呼び、この点をE点とします。

　この点で荷重を取り除けば、弾性の性質によって変形はおさまります。

　さらに荷重を加えると弾性状態を超えて塑性状態に移行します。

　降伏する点を「降伏点」とし、Y点で表わします。

　塑性域に達すると応力は低下しますが、応力が一定となり、「歪」だけが増加する「降伏棚」と呼ばれる区間が現われます。

　そこから「歪硬化」と呼ばれる現象が起き、応力が上昇します。

　さらに、力を加えると最大応力まで達し（M点）、応力が低下して破断します（B点）。

　以上が、鋼に引張力を加えたときの「応力度」と「歪」の関係です。

　要するに弾性を超えると塑性の性質に移行し変形が進み、再度、「応力度」と「歪」が増加して最大応力度を迎えた後、破断します。

　なお、**図8.14**に示す「E点」などは下記の頭文字です。

「弾性」…Elasticity

「比例」…Proportion

「降伏」…Yield

「最大」…Max

「破断」…Breaking

　また、ゴムやガラス、FRPのように塑性がない材料もあります。

　塑性域がない材料を「弾性材料」と呼びます。

　「弾性材料」は塑性域がないため線形的に応力が上昇し、最大応力を迎えて破断します。

8-8　梁の「曲げ応力度」の導出

　部材に「曲げモーメント」が作用するとき、断面には**図8.15**のような応力度が生じます。

　このとき断面に生じる応力度が0となる軸を「**中立軸**」と言います。

　「曲げ応力度」は中立軸を境に断面の上側では「圧縮応力度」、下側には「引張応力度」が作用しており、「曲げ応力度」は断面の最外縁で最大（最小）となります。

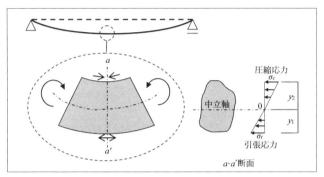

図8.15　曲げ応力度

　「曲げ応力度」は**式8.19**で求めます。

$$\sigma_t = \frac{M}{I} y_1$$

$$\sigma_c = \frac{M}{I} y_2 \tag{8.19}$$

　式8.19を導出する前に、まずは下記の仮定を考慮します。

（1）梁_{はり}の断面はx、y方向について「伸び」や「縮み」「剪断_{せんだん}変形」しない。
　　すなわち梁の断面は一切変形しない（断面不変の仮定）。
（2）梁の断面は荷重を受けて変形した後も平面を保つ（平面保持の仮定）。
　　すなわち梁の「中立軸」に直交する断面は、変形後も「中立軸」に直交する。

　（1）（2）の仮定により、梁の変形は材軸方向の「伸び」と「縮み」「回転」のみで表わすことができます。

また、本仮定は**4-2節**「微小変形理論」における x 軸方向（材軸方向）の「歪」だけ考慮することを意味し、**9章**「梁の撓み」でも適用します。

なお、**第6章**「静定構造物の反力と応力」では、断面に生じる「剪断力」を考慮します。

つまり、断面は少なからず「剪断力」に応じて「剪断変形」します。

これは明らかに矛盾しますが、「梁」のように「剪断変形」が微小である部材では、「剪断変形」しないと仮定することで実用的な式を得ます。

*

さて、**図8.16**に曲げモーメントを受けて変形する梁を考えます。

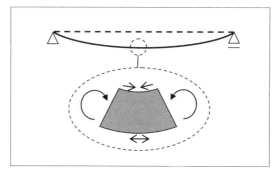

図8.16 曲げ変形

梁の一部を取り出して拡大すると、梁は下側で伸び、上側は圧縮されます。

このとき、**8-8節**で設けた「平面保持の仮定」より**図8.17（左）**のAB断面、CD断面は変形後も平面かつ中立軸と直交すると考えます。

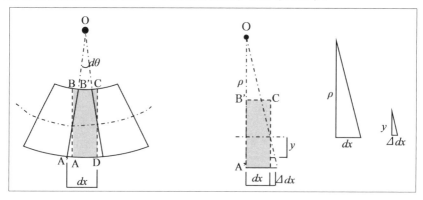

図8.17 梁の伸び（左）曲げ変形の模式図（右）

図8.17(左)に示すような微小部分の梁の長さ(A'-D間)を「dx」とします。

さらに、長さ「dx」や伸びは曲線ですが、微小であるため直線とすれば、図8.17(右)のような変形図として示されます。

中立軸から任意の点yにおける伸び量を「Δdx」とするとき、元の長さ「dx」から「Δdx」の伸びが生じるときの「歪」は、

$$\varepsilon = \frac{\Delta dx}{dx}$$

です。

図形の相似の関係より曲率半径ρ(点Oから中立軸までの距離)、yとの関係は

$$\varepsilon = \frac{\Delta dx}{dx} = \frac{y}{\rho}$$

になります。

「フックの法則」より

$$\sigma = E\varepsilon = \frac{Ey}{\rho} \tag{8.20}$$

となり、点yにおける微小断面「dA」には**式8.20**の応力度が生じています。

中立軸における**式8.20**の「応力度」による「モーメントの総和」は、曲げモーメント「M」と等しいので、

$$\Sigma M = M$$

$$M = \int \sigma y dA = \int \frac{Ey^2}{\rho} dA = \frac{E}{\rho} \int y^2 dA$$

となります。

「$\int y^2 dA$」は「断面二次モーメント」なので、

$$M = \frac{EI}{\rho}$$

$$\frac{1}{\rho} = \frac{M}{EI}$$

が得られます。

以上を整理すると、

$$\sigma = \frac{Ey}{\rho} = \frac{M}{I}y$$

$$\sigma = \frac{M}{I}y$$

(8.21)

となり、**式8.21**が「曲げ応力度」を表わす式です。

yは中立軸からの距離を意味します。

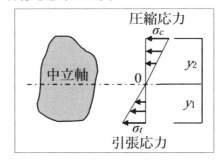

図8.18　曲げ応力度

図8.18のように、「σ_t」側は部材に「引張応力度」が生じるので正値、「σ_c」側は「圧縮応力度」が作用するので負値で表わします。

また、中立軸から最も遠い位置に生じる「σ_t」「σ_c」を**「縁応力度」**と言います。それぞれ、以下の式で求めます。

$$\sigma_t = \frac{M}{I}y_1$$

$$\sigma_c = \frac{M}{I}y_2$$

8-9　　　梁の「剪断応力度」

梁に荷重が作用するとき、「曲げモーメント」と「剪断応力」が生じます。
「剪断応力」によって梁は**図8.19**に示す変形を起こすと考えます。

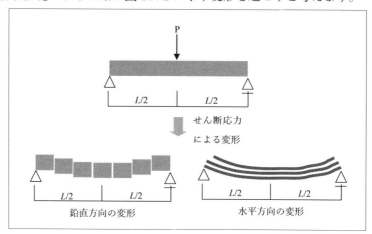

図8.19　「剪断応力」による変形

図8.19より、梁には鉛直方向、水平方向に「剪断応力」が生じています。

梁の微小要素を取り出して「力の釣り合い」を考えます（**図8.20**）。

このとき、断面の左側では曲げモーメント「M_x」による応力度「σ_M」、右側では「M_x+dM_x」による応力度「$\sigma_M+\Delta\sigma_M$」が生じます。

このままでは応力度「$\Delta\sigma_M$」により釣り合わないため、「剪断応力度τ」を考慮します。

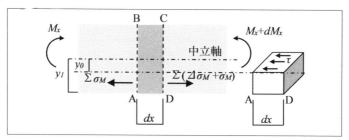

図8.20　微小部分の力の釣り合い

曲げ応力度「σ_M」「$\sigma_M + \Delta\sigma_M$」について「$y_0 \sim y_1$」の範囲で積分、さらに「剪断応力度 τ」に微小長さ「dx」と幅「b」を掛けて集中力に変換します。

以上より、

$$\Sigma(\sigma_M + \Delta\sigma_M) = \int_{y_0}^{y_1}(\sigma_M + \Delta\sigma_M)dA$$

です。

「力の釣り合い」を考えると、

$$\int_{y_0}^{y_1}(\sigma_M + \Delta\sigma_M)dA - \int_{y_0}^{y_1}\sigma_M dA - \tau b dx = 0$$

「剪断応力度 τ」について解くと、

$$\tau b dx = \int_{y_0}^{y_1}(\sigma_M + \Delta\sigma_M)dA - \int_{y_0}^{y_1}\sigma_M dA$$

$$= \int_{y_0}^{y_1}\left(M + \frac{dM}{I}y\right)dA - \int_{y_0}^{y_1}\frac{M}{I}ydA = \int_{y_0}^{y_1}\frac{dM}{I}ydA$$

$$\tau = \frac{1}{bI}\frac{dM}{dx}\int_{y_0}^{y_1}ydA$$

ここで「断面一次モーメント」は、

$$\int_{y_0}^{y_1}ydA = S$$

であり、「剪断力」と「曲げモーメント」の関係より、

$$\frac{dM}{dx} = Q$$

です。

よって、

$$\tau = \frac{1}{bI}\frac{dM}{dx}\int_{y_0}^{y_1}ydA = \frac{QS}{bI}$$

$$\tau = \frac{QS}{bI}$$

(8.22)

が得られます。

式8.22によって、「梁」の「剪断応力度」を求めます。

8-10 【例題】異なる断面をもつ物体の応力度

図8.21に示す2つの物体を両側から剛な板で挟み、偏心しないように「荷重P」を作用させるとき、各物体に生じる応力度を求めます。

なお、各物体は一体として変形すると考え、各物体に断面積は「A_1」「A_2」、「弾性係数」は「E_1」「E_2」とします(ここでは圧縮方向の応力を「正値」とする)。

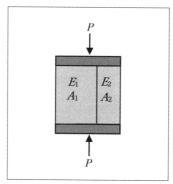

図8.21　異なる断面をもつ物体

5-6節「【例題】並列につないだバネ」で似た問題を扱っています。

ただし、本例題では各物体に応力度を算定します。

各物体に作用する力を「P_1」「P_2」とすると「$\Sigma V = 0$」より「$P = P_1 + P_2$」です。

8-5節「弾性係数、応力度と歪の関係」より、「力」と「歪」の関係は、

$$P = EA\varepsilon$$

より、「P_1」「P_2」と「歪ε」の関係は、

$$P_1 = E_1 A_1 \varepsilon$$
$$P_2 = E_2 A_2 \varepsilon$$

となります。

なお、各物体は一体として変形するので、「ε」は同一です。

＊

179

以上より、

$$P = P_1 + P_2 = E_1 A_1 \varepsilon + E_2 A_2 \varepsilon$$
$$P = (E_1 A_1 + E_2 A_2)\varepsilon$$
$$\varepsilon = \frac{P}{(E_1 A_1 + E_2 A_2)}$$

上式を整理すれば、

$$P_1 = \frac{P E_1 A_1}{(E_1 A_1 + E_2 A_2)}$$
$$P_2 = \frac{P E_2 A_2}{(E_1 A_1 + E_2 A_2)}$$

「$\sigma = \frac{P}{A}$」より、

$$\sigma_1 = \frac{P E_1}{(E_1 A_1 + E_2 A_2)}$$
$$\sigma_2 = \frac{P E_2}{(E_1 A_1 + E_2 A_2)}$$

となります。

8-11 　【例題】偏心荷重を受ける柱の応力度

図8.22に示すような柱の重心位置「O」から、「e」だけズレた位置に荷重Pが作用するときの柱の「応力度」を考えます。

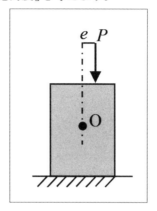

図8.22　偏心荷重を受ける柱

荷重の作用点と重心のズレなどを「**偏心**」、偏心した位置に作用する荷重を「**偏心荷重**」と言います。

図8.23のように、同じ大きさで互いに反対向きに作用する1組の外力Pを、重心位置に作用させます。

この1組の外力は同じ大きさで反対向きに作用するため打ち消し合うので、元の荷重条件に影響ありません。

ここで、外力の見方を変えると、「偏心荷重」と「重心位置」に上向きで作用している外力Pは偶力であり、すなわち重心位置に荷重PおよびモーメントPeが作用する柱とすることができます。

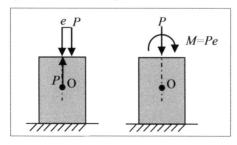

図8.23　「軸力」と「曲げモーメント」の作用する柱

　また、**6-3節**「重ね合わせの原理」より、荷重 P とモーメント Pe の作用する柱の応力度は、個々の荷重条件による応力度を算出して重ね合わせればいいのです。

　柱の断面積を A とすると、荷重 P による応力度は、

$$\sigma_c = -\frac{P}{A}$$

となります。

　引張方向の応力を正値、圧縮方向の応力を負値とします。
　次に、モーメント Pe による応力度は **8-1-3項**「曲げ応力度」より、

$$\sigma_M = \pm\frac{M}{I}y$$

です。

　「圧縮応力度」と「曲げ応力度」の式を足し合わせると、

$$\sigma = -\frac{P}{A} \pm \frac{M}{I}y \qquad\qquad (8.23)$$

が得られます。

　式8.23 が「偏心荷重」を受ける柱の応力度です。

第9章

梁の撓み
（はり）（たわ）

> 「梁」に鉛直下向きの荷重が作用すると「梁」は下向きに曲線を描いて変形します。
>
> この「梁」の変形を「梁の撓み」と言います。
>
> 建築物において「梁」は床の重さを支える部材の１つです。
>
> 「梁」に大きな「撓み」が起きれば、「床」は傾き、使用に支障が起きるでしょう。
>
> 本章では、「梁の撓み」はどのように算定されるのか、「撓み曲線」の導出や考え方について学びます。

9-1　撓み

図9.1に示す「梁」の変形を「撓み」と言います。

建築物において「梁」は床の重さを支える部材です。

床の重さは鉛直下向きに作用するため、「梁」は下向きに曲線を描いて変形します。

この曲線を「**撓み曲線**」あるいは「**弾性曲線**」と言います。

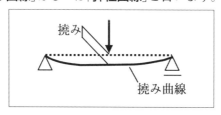

図9.1　梁の撓み

「撓み」の算定は重要な構造計算の１つです。

「梁」が応力度に対して問題なくても、「撓み」が過大だと歩行、振動など「床」の使用に支障があります。

そのため、「撓み」はできる限り小さくすることが大切です。

参考までに建築基準法、各種計算規準より、「撓み」は下記の値に抑えます。

$$\delta = \frac{L}{250}\left(\text{または} \frac{L}{300}\right) \text{以下} \tag{9.1}$$

「δ」は「撓み」、Lは「梁」の「有効長さ」です。

式9.1 に示す「撓み」の制限を、「**変形制限**」「**使用上の支障が起こらないことの確認**」と言います。

＊

ところで、知人が「部屋に居るとミシッ！という音がする・・・」と言ってきました。

知人の住む部屋は、RC（鉄筋コンクリート）造のマンションですが、床が抜けたり落ちてくるのを不安に思って相談してきたようです。

まず、この"ミシッ"という音の正体は、おそらく部屋の建具やフローリングが乾燥収縮したときに発生する音だと思います。

そして、知人の「床が抜けるとか、床が落ちてくるんじゃないか…」という疑問には、君の体重が数百キロあっても抜けやしないと伝えました。

＊

建築基準法で、部材の「撓み」はスパンの「$\frac{1}{250}$以下」とすることが定められています。

たとえば、「2.5m」の部材であれば、「変形量 = 10mm」以下です。

加えて、RCは「クリープ」[※]を起こすため、「クリープ」を考慮して「弾性撓み」の「$\frac{1}{16}$」とするので、「1mm」も変形しないよう、「床」の「厚み」や「配筋」を決めます。

> ※たとえば、机の上に「重り」を載せます。
>
> そのまま「重り」を長期間置いておくと、荷重が増えなくても変形が進むことがあります。
>
> この現象を「クリープ」と言います。RCは「クリープ」が起きやすい材料です。

難しい話はともかく、普通のマンションの「床」が抜けたり、落ちたりすることは万に一つもないと言えるでしょう。

9-2 撓み角

図9.2のように「梁」が撓むとき、「撓み曲線」の任意の点Aにおける接線と、「梁」の軸線を点Aと交わるように引いた線からなる角を「**撓み角**」と言います。

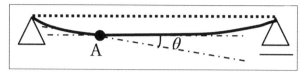

図9.2 梁の撓み角

9-3 「集中荷重」または「分布荷重」の作用する「梁」の撓み

「梁」の撓みの公式を**式9.2**、**式9.3**に示します。

式9.2は「梁」に集中荷重が作用するときの撓みの公式、**式9.3**は「梁」に分布荷重が作用するときの撓みの公式です。

$$\delta = \frac{\bigcirc PL^3}{\bigcirc EI} \tag{9.2}$$

$$\delta = \frac{\bigcirc wL^4}{\bigcirc EI} \tag{9.3}$$

式9.2、**式9.3**について「集中荷重」または「分布荷重」の作用する場合で、○以外は共通した係数を使います。

○の値は支持条件、荷重条件に応じて変わります。

よく使う「梁」の撓みの公式を**式9.4**に示します。

$$
\begin{aligned}
&単純梁\left(中央集中荷重\right) \quad \delta = \frac{PL^3}{48EI} \\[2mm]
&単純梁\left(等分布荷重\right) \quad \delta = \frac{5wL^4}{384EI} \\[2mm]
&片持ち梁\left(先端集中荷重\right) \quad \delta = \frac{PL^3}{3EI} \\[2mm]
&片持ち梁\left(等分布荷重\right) \quad \delta = \frac{wL^4}{8EI}
\end{aligned}
\tag{9.4}
$$

撓みの公式の誘導は、**9.4節**「撓み曲線の微分方程式」で行ないますが、**式9.4**の違いを覚えると公式の誤用などを減らせます。

9-4 「撓み曲線」の微分方程式

「梁」の「撓み曲線」の微分方程式を**式9.5**に示します。

式9.5の両辺について積分し支持条件を与えることで「撓み曲線()」が求められます。

なお、「$\frac{d^2y}{dx^2}$」は撓み曲線の「**曲率**」を表わします。

「**曲率**」とは、曲線や曲面がどれだけ曲がっているかを表わす値です。

$$\frac{d^2y}{dx^2} = -\frac{M_x}{EI} \tag{9.5}$$

また、**式9.5**を両辺について1回積分して支持条件を与えると「$\frac{dy}{dx}$」、すなわち、撓み角が算定できます。

9-4-1 「曲率」を表わす式

式9.5のように、撓みを求める微分方程式は「曲率」と「曲げモーメント」の関係からなるものです。

よって、まずは「曲率」を表わす式を求めます。

図9.3(左)のように「単純梁」に荷重が作用して撓む「梁」を考えます。

「梁」の撓みは曲線であり、曲線をもっともよく近似するときの円の半径を曲率半径と言います。

図9.3(左)に示す撓み曲線の「A-A'」部分を拡大したものが、**図9.3(右)**です。

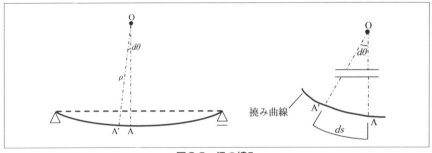

図9.3 梁の撓み

さらに、部材の「撓み曲線」を拡大し、撓みの微小部分だけを取り出して考えます。

図9.4のように、実際の撓みは曲線ですが、「ds」が微小の長さと考えれば、直線として近似できます。

「撓み曲線」における微小部分の長さを「ds」、微小撓みを「dy」、撓み角を「θ」、曲率半径を「ρ」とします。

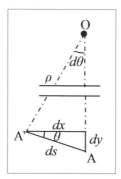

図9.4　撓みの近似

図9.4に示すように曲率半径「ρ」と「$d\theta$」「ds」の関係は、

$$\rho \times d\theta = ds \tag{9.6}$$

なので、「ρ」について解くと

$$\rho = \frac{ds}{d\theta}$$

「曲率半径」の逆数が曲率と定義されるので、**式9.6**について両辺の逆数をとると、

$$\frac{1}{\rho} = -\frac{d\theta}{ds}$$

となります。

なお、**図9.5**に示すように、曲率は上に凸(負曲げ作用)のとき正値、下に凸(正曲げ作用)のとき負値と考えます。

図9.5　曲率の符号

式**9.6**の右辺の「$\frac{dx}{dx}$」をかけると、

$$\frac{1}{\rho} = -\frac{d\theta}{dx}\frac{dx}{ds} \tag{9.7}$$

となります。

式**9.7**を「dx」と「dy」の式になるよう変換します。

図**9.4**より

$$\tan\theta = \frac{dy}{dx}$$

さらに、両辺を「x」について微分すれば、

$$\frac{d}{dx}(\tan\theta) = \frac{d}{dx}\left(\frac{dy}{dx}\right)$$

です。

さらに、

$$\frac{d\theta}{dx}\frac{d}{d\theta}(\tan\theta) = \frac{d}{dx}\left(\frac{dy}{dx}\right)$$

とします。

左辺の「$\frac{d(\tan\theta)}{d\theta}$」について求めると

$$\frac{d}{d\theta}(\tan\theta) = \frac{d}{d\theta}\left(\frac{\sin\theta}{\cos\theta}\right)$$

$$= \left(\frac{\sin^2\theta\cos\theta - \sin\theta\cos^2\theta}{\cos^2\theta}\right)$$

$$= \left(\frac{\cos^2\theta + \sin^2\theta}{\cos^2\theta}\right)$$

$$= 1 + \frac{\sin^2\theta}{\cos^2\theta} = 1 + \tan^2\theta$$

となるので、

$$\frac{d\theta}{dx}(1 + \tan^2\theta) = \frac{d}{dx}\left(\frac{dy}{dx}\right)$$

$$\frac{d\theta}{dx} = \frac{\frac{d}{dx}\left(\frac{dy}{dx}\right)}{\left(1 + \left(\frac{dy}{dx}\right)^2\right)}$$

次に、「$\frac{dx}{ds}$」を「dx」「dy」の形で表わします。

図9.4について「ピタゴラスの定理」を考えれば、

$$ds = \sqrt{dx^2 + dy^2}$$

となり、今後の式を整理しやすいようにまとめると、

$$ds = \sqrt{1 + \left(\frac{dy}{dx}\right)^2}$$

です。

したがって、

$$\frac{dx}{ds} = \frac{1}{\sqrt{1 + \left(\frac{dy}{dx}\right)^2}}$$

以上より、「曲率」を表わす式は、

$$
\begin{aligned}
\frac{1}{\rho} &= -\frac{d\theta}{dx}\frac{dx}{ds} \\
&= -\frac{\dfrac{d}{dx}\left(\dfrac{dy}{dx}\right)}{\left(1+\left(\dfrac{dy}{dx}\right)^2\right)} \times \frac{1}{\sqrt{1+\left(\dfrac{dy}{dx}\right)^2}} \\
&= -\frac{\dfrac{d^2y}{dx^2}}{\left(1+\left(\dfrac{dy}{dx}\right)^2\right)^{\frac{3}{2}}}
\end{aligned}
\tag{9.8}
$$

となります。

式9.8について、分母の「$\left(\left(\dfrac{dy}{dx}\right)^2\right)^{\frac{3}{2}}$」は微小のため無視すると、

$$
\frac{1}{\rho} = -\frac{d^2y}{dx^2}
\tag{9.9}
$$

が得られます。

式9.9は「曲率」すなわち、「撓み角」の変化の割合を表わします。

9-4-2　「曲げモーメント」と「曲率」の関係

「撓み」を求める微分方程式は、「曲率」と「曲げモーメント」の関係からなります。

前節「曲率を表わす式」で「曲率」の式を求めたので、次は「曲げモーメント」と関連付けて「撓みの微分方程式」を導出します。

＊

図9.6に示すように、「曲げモーメント」のみ作用して「撓み」が生じる「梁」を考えます。

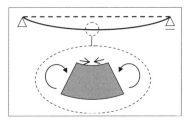

図9.6　曲げ変形

「梁」の一部を取り出して拡大すると、「梁」は下側で伸び、上側は圧縮されます。

このとき、**8-8節**で設けた「平面保持の仮定」より、**図9.7(左)**のAB断面、CD断面は変形後も平面かつ中立軸と直交すると考えます。

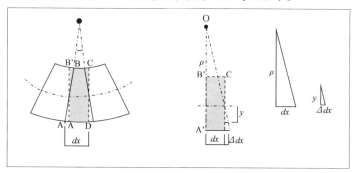

図9.7 梁の伸び(左)、曲げ変形の模式図(右)

図9.7(左)に示すような微小部分の「梁」の長さ(A'-D間)を「dx」とします。

さらに、長さ「dx」や伸びは曲線ですが、微小であるため直線とすれば、**図9.7(右)**のような変形図として示されます。

中立軸から任意の点における伸び量を「Δdx」とするとき、元の長さから「Δdx」の伸びが生じるときの「歪(ひずみ)」は、

$$\varepsilon = \frac{\Delta dx}{dx}$$

です。

相似の関係より、**式9.10**は曲率半径ρ、撓みyを用いて、

$$\varepsilon = \frac{\Delta dx}{dx} = \frac{y}{\rho} \tag{9.10}$$

です。

また、応力度σと歪εの関係より、

$$\sigma = E\varepsilon = \frac{Ey}{\rho} \tag{9.11}$$

となり、点における微小断面「dA」に**式9.11**の「応力度」が生じることになります(**図9.8**)。

　図9.8のように、「曲げ応力度」は中立軸(応力度が0となる軸)を境に、上側に「圧縮応力度」、下側に「引張応力度」が生じます。

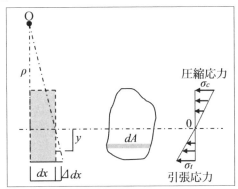

図9.8　曲げ応力度
*

　さて、「梁」には曲げモーメントMのみ作用しており、軸力は「0」なので、力の釣り合いを考えると、全断面積における「dA」と「δ」の総和について「$\Sigma H = N = 0$」が成り立ちます。

　「$\Sigma H = N = 0$」より、

$$N = \int \sigma dA = \int \frac{Ey}{\rho} dA = \frac{E}{\rho} \int y dA = 0 \tag{9.12}$$

です。

　「E」と「ρ」は定数なので、「$N = 0$」のとき「$\int y dA = 0$」となります。
　つまり、「断面一次モーメント」($\int y dA = 0$)が「0」であることを意味します。

　7-2節「断面一次モーメント」より、図心周りの「断面一次モーメント」は「0」でしたから、**式9.12**が成り立つとき、中立軸と図心軸は一致します。
　逆に言えば、「$N \neq 0$」の場合、中立軸は図心と一致しません。

さらに、**図9.8**より、曲げモーメントは中立軸における「応力度」(**式9.11**)によるモーメントの総和に等しいので、

$$\Sigma M = M$$

$$M = \int \sigma y dA = \int \frac{Ey^2}{\rho} dA = \frac{E}{\rho} \int y^2 dA$$

となります。

「$\int y^2 dA$」は「断面二次モーメント」なので、

$$M = \frac{EI}{\rho}$$

が得られます。

「$\frac{1}{\rho}$」は「曲率」を意味するので、**式9.13**を「曲率」について整理すると、

$$\frac{1}{\rho} = \frac{M}{EI} \qquad (9.13)$$

となり、**式9.13**は「曲率」と「曲げモーメント」の関係を示します。

9-4-1項より、「曲率」を表わす式との関係を整理すると

$$\frac{1}{\rho} = -\frac{d^2 y}{dx^2} = \frac{M}{EI}$$

$$\frac{d^2 y}{dx^2} = -\frac{M}{EI} \qquad (9.14)$$

が得られます。

式9.14が「撓み曲線」を求める微分方程式です。

第 **10** 章

棒の座屈

> 　長い棒に「圧縮力」を加えるとき、「棒の圧縮強度」より
> もはるかに小さい値で、棒が横に飛び出して折れてしまう
> 場合があります。
>
> 　この現象を「座屈」と言います。
> 　「座屈」は細長い棒だけでなく薄い板などでも同様に起き
> ますが、本書では、最も基本的な「棒の座屈」(オイラー座屈)
> について扱います。
> 　ここでは「座屈」の意味、計算、計算式の導出について
> 学びます。

10.1　「座屈」とは

　部材に生じる「応力度」が材料の強度などを超えるとき、部材は荷重を支持
する能力を失います。

　ところが、**図10.1**のように長い棒に圧縮力を加えると、「棒の圧縮強度」
よりもはるかに小さい値で、棒が横に飛び出して折れてしまう場合がありま
す。

　この現象を「座屈」と言います(**図10.1**)。

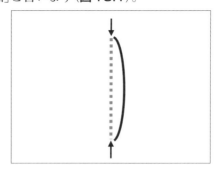

図10.1　棒の座屈

「座屈」は、「材料の強度」とは無関係に起きる現象です。

たとえば、「鋼材」のように「弾性係数」と「強度」に相関のない材料では、材質をいくら高強度のものにしても「座屈」を防ぐ手立てにはなりません。

「座屈」は「細長い柱」「薄い板」のように、一言で言うと「柔らかい部材」で起きます。

逆に、「短い柱」や「厚い板」のような「固い部材」では起きにくいです（図10.2）。

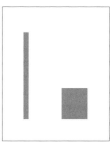

図10.2　長柱と短柱

また、「座屈」には、「**横座屈**」(梁の座屈)や「**局部座屈**」(板の座屈)のように、さまざまな種類がありますが、本書では最も基本的な、「棒の座屈」(オイラー座屈)について扱います。

なお、「オイラー座屈」という用語は、後述する「座屈荷重の式」を導いた数学者「レオンハルト・オイラー」(1707-1783)からきています。

10.2 「座屈荷重」と「座屈長さ」

部材が座屈するときの荷重を「**座屈荷重**」と言います。

「座屈荷重」は**式10.1**で求めます。

なお、**式10.1**は微分方程式を解いて導くのですが、**10-4節**「座屈荷重の導出」で解説しています。

ぜひ挑戦してみましょう。

*

$$P_{cr} = \frac{\pi^2 EI}{L_k{}^2} \qquad (10.1)$$

式10.1の「π」は「円周率」、「e」は「弾性係数」、「i」は「断面二次モーメント」、「L_k」は部材の「有効座屈長さ」を表わします。

「有効座屈長さL_k」は**式10.2**で求めます。

$$L_k = L \times k \qquad (10.2)$$

式10.2の「L」を「支点間距離」、「k」を「座屈長さ係数」と言い、棒の支持条件に応じて**表10.1**の値をとります。

表10.1より、「k」は支点または接合部による部材の拘束が弱まると大きくなる傾向にあります。

たとえば、「一端固定・他端自由」(片持ち)では、「支点間距離L」の2倍もの値になります。

「L_k」が大きくなるほど、「座屈荷重P_{cr}」は小さくなるため、注意が必要です。

表10.1　有効座屈長さと座屈長さ係数

支持条件	座屈長さ係数k	座屈長さL_k
両端固定	0.5	0.5L
一端ピン・他端固定	0.7	0.7L
両端ピン	1.0	1.0L
一端固定・他端自由	2.0	2.0L

10.3 「座屈応力度」と「細長比」

式 10.3に示す「座屈荷重」の「応力度」を「**座屈応力度**」と言います。

軸方向の応力度は「$\sigma = \frac{P}{A}$」で算定できるので「座屈応力度」は、

$$\sigma_{cr} = \frac{P_{cr}}{A} = \frac{\pi^2 EI}{AL_k{}^2} \qquad (10.3)$$

になります。

ここで、

$$i^2 = \frac{I}{A}$$

より、

$$\sigma_{cr} = \frac{\pi^2 E i^2}{L_k{}^2} = \frac{\pi^2 E}{\left(\frac{L_k}{i}\right)^2} = \frac{\pi^2 E}{\lambda^2}$$

$$\sigma_{cr} = \frac{\pi^2 E}{\lambda^2} \qquad (10.4)$$

となり、「λ」を「**細長比**」と言います。

「細長比」は部材の「有効座屈長さ」に対する「断面二次半径」の比率であり、「λ」が小さくなると「σ_{cr}」は大きくなります。

逆に、「λ」が大きくなると「σ_{cr}」は小さくなります。

*

さて、**式 10.4**によると、「λ」が小さくなるほど「σ_{cr}」は大きくなるのですが、実際はそうはなりません。

本章では言及しませんが、**式 10.4**にも適用範囲があることを覚えておきましょう。

10.4 座屈荷重の導出

式10.1に示す「座屈荷重」について、微分方程式から導出します。

*

図10.3に示す「圧縮力P」によって棒が「座屈」した釣り合い状態を考えます。

任意の位置「x」では鉛直方向の変位「y」が生じており、このとき棒を「x」で切断すると「$M = Py$」の「曲げモーメント」が生じています。

*

式10.5を「y」について解くことで「座屈」の「弾性曲線式」が得られます(**付録PDF**「撓み曲線の微分方程式」を参照)。

ここを出発点として「P」について求めると「座屈荷重P_{cr}」が得られます。

$$\frac{d^2 y}{dx^2} = -\frac{Py}{EI} \qquad\qquad (10.5)$$

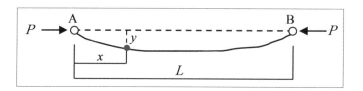

図10.3 棒の座屈(両端ピンの棒)

10-4-1 「両端ピン」の棒

図10.3に示す棒の「座屈荷重」を導出します。

なお、下方向を正の「y」、右方向を正の「x」とします。

「弾性曲線式」は以下のように示されます。

$$\frac{d^2 y}{dx^2} = -\frac{M}{EI}$$

「曲げモーメント」は、

$$M = Py$$

です。

　よって、

$$\frac{d^2y}{dx^2} = -\frac{Py}{EI}$$

　計算を行ないやすくするために、定数「$\frac{P}{EI}$」を、

$$k^2 = \frac{P}{EI}$$

$$\frac{d^2y}{dx^2} = -k^2y$$

とします。

　このような「微分方程式」を解く場合、解の「y」を、以下のように仮定して解きます。

$$y = Ae^{\lambda x}$$
$$y' = A\lambda e^{\lambda x}$$
$$y'' = A\lambda^2 e^{\lambda x}$$
$$A\lambda^2 e^{\lambda x} + k^2 Ae^{\lambda x} = 0$$
$$Ae^{\lambda x}(\lambda^2 + k^2) = 0$$

　つまり、この微分方程式の固有値は、以下のようにして求めることができます。

$$\lambda^2 = -k^2$$
$$\lambda = \pm ki$$

　さて、初めに仮定した解に「λ」を代入します。

　上式より、解は2つ存在するので、2つを代入し足し合わせたものが「y」となります。

$$y = Ae^{kix} + Be^{-kix} \qquad (10.6)$$

＊

　式10.6を分かりやすくするため整理します。

　このとき「オイラーの公式」を考えます。

　「オイラーの公式」とは、「e」の関数と「三角関数」を「マクローリン展開」によって関係づけた式で、下記のようになります。

$$e^{ix} = \cos x + i \sin x$$

　つまり、

$$e^{kix} = \cos kx + i \sin kx$$
$$e^{-kix} = \cos kx - i \sin kx$$

ですから、結局、「y」の式は以下のように示すことができます。

$$\begin{aligned}
y &= A(\cos kx + i \sin kx) + B(\cos kx - i \sin kx)\\
&= A\cos kx + Ai\sin kx + B\cos kx - Bi\sin kx\\
&= (A+B)\cos kx + i(A-B)\sin kx
\end{aligned}$$

　「A」および「B」は定数なので、「$(A{+}B)$」「$i(A{+}B)$」を改めて「A」「B」と書き直します。

　以上から、「座屈曲線の方程式」は次のように示されます。

$$y = A\cos kx + B\sin kx$$

＊

　さて、目的は、「座屈荷重を求めること」です。

　まずは、支持条件によって定数を求めましょう。

支点では変位は「0」なので、支持条件は、

$$x = 0, \qquad y_1 = 0$$
$$x = L, \qquad y_2 = 0$$

$$A = 0$$
$$0 = 0 + B \sin k L$$
$$B \sin k L = 0$$

です。

「$B = 0$」では方程式がすべて「0」となり、意味のない式となるので、

$$B \neq 0$$
$$\sin k L = 0$$
$$kL = n\pi$$

$(n = 1, 2 \cdots)$ となります。

よって、座屈時の「弾性曲線」の式「y」は、

$$y = B \sin k x$$
$$k = \frac{n\pi}{L}$$
$$y = B \sin\left(\frac{n\pi x}{L}\right)$$

となります。

ここで、

$$k^2 = \frac{P}{EI}$$

であったので、Pの形に直して整理すると、

$$P = EIk^2$$
$$kL = n\pi$$
$$k = \frac{n\pi}{L}$$
$$P = \frac{EIn^2\pi^2}{L^2}$$

「座屈」が始まるときの荷重を求めたいので、「n」が最小の値である($n = 1$)として、座屈荷重を決定します。

よって、

$$p_{cr} = \frac{\pi^2 EI}{L^2} = \frac{\pi^2 EI}{L_k{}^2}$$

が「座屈荷重」となります。

10-4-2 「一端固定・他端自由」の棒

図10.4に示す「一端固定・他端自由(片持ち)」の棒における「座屈荷重」を求めます。

考え方や導出の仮定は**前項**と変わりません。

なお、同様の計算過程の解説文は、適宜省略します。

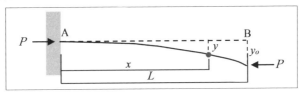

図10.4　棒の座屈(「一端固定・他端自由」の棒)

点「x」における「曲げモーメント」は、

$$M_x + P(y_0 - y) = 0$$
$$M_x = -(Py_0 - Py)$$

です。

「弾性曲線式」は以下のように示されます。

$$\frac{d^2y}{dx^2} = -\frac{M}{EI} = \frac{(Py_0 - Py)}{EI}$$

$$k^2 = \frac{P}{EI}$$

$$\frac{d^2y}{dx^2} = k^2 y_0 - k^2 y$$

$$\frac{d^2y}{dx^2} - k^2 y_0 + k^2 y = 0$$

上記の微分方程式の一般解は、

$$y = A \cos k x + B \sin k x + y_0$$

となります。

支持条件は、

$$x = 0, \qquad y_1 = 0$$

$$x = 0, \qquad \frac{dy_2}{dx_2} = 0$$

$$A = -y_0$$

$$\frac{dy}{dx} = -Ak \sin k x + Bk \cos k x$$

$$0 = -Ak \sin 0 + Bk \cos 0$$

$$B = 0$$

です。

以上より、

$$y = -y_0 \cos k x + y_0$$

となります。

*

このままでは、「y_0」が決定されません。しかし、「$x = L$」「$y = y_0$」なので、

$$y_0 \cos k\,L = 0$$
$$\cos k\,L = 0$$

です。

よって、以上の式を満たす「kL」は、次のように、

$$k\mathrm{L} = \frac{\pi}{2}$$

$$k = \frac{\pi}{2\mathrm{L}}$$

ですから、「座屈荷重」は、

$$k^2 = \frac{P}{EI}$$
$$P = k^2 EI$$
$$P = \frac{\pi^2 EI}{4\mathrm{L}^2} = \frac{\pi^2 EI}{\mathrm{L_k}^2}$$

となります。

また、「有効座屈長さ $L_k = 2L$」です。

基本的な計算過程は「両端ピン」の場合と同じですが、「曲げモーメント」や「支持条件」などが異なります。

参考文献

[1] 建築の構造……マリオ・サルバドリー他、望月重 訳、鹿島出版会、1968年

[2] 建築の構造設計……マリオ・サルバドリー他、望月重 訳、鹿島出版会、1969年

[3] ガリレオ・ガリレイの「2つの新科学対話」静力学について……ガリレオ・ガリレイ、加藤勉 訳、鹿島出版、2007年

[4] ロバート・フック　ニュートンに消された男……中島秀人、朝日選書、1996年

[5] 材料力学史……ステフェン・ティモシェンコ、最上武雄 監訳、川口昌宏 訳、鹿島出版会、2007年

[6] 物理学は歴史をどう変えてきたか……アン・ルーニー、立木勝 訳、東京書籍、2015年

[7] 数学は歴史をどう変えてきたか……アン・ルーニー、吉富節子 訳、東京書籍、2013年

[8] プリンキピア自然哲学の数学的原理 第1編物体の運動……アイザック・ニュートン、中野猿人 訳、講談社、2019年

[9] ルネ・デカルト 方法序説……ルネ・デカルト、谷川多佳子 訳、岩波文庫、2014年

[10] アルキメデスの数学……伊達文治、森北出版、2009年

索 引

■著者略歴

ハナダユキヒロ

1988　島根県生まれ
2012　豊橋技術科学大学大学院　修了
2010からWebサイト「建築学生が学ぶ『構造力学』」を運営。

［筆者サイト］

建築学生が学ぶ「構造力学」
http://kentiku-kouzou.jp/

［主な著書］

「わかる構造力学」工学社、2016年

本書の内容に関するご質問は、
① 返信用の切手を同封した手紙
② 往復はがき
③ FAX (03) 5269-6031
　（返信先のFAX番号を明記してください）
④ E-mail　editors@kohgakusha.co.jp
のいずれかで、工学社編集部あてにお願いします。
なお、電話によるお問い合わせはご遠慮ください。

サポートページは下記にあります。

［工学社サイト］
http://www.kohgakusha.co.jp/

I/O BOOKS

わかる構造力学[改訂版]

2022年4月30日　初版発行　ⓒ2022

著　者　ハナダユキヒロ
発行人　星　正明
発行所　株式会社工学社
〒160-0004 東京都新宿区四谷 4-28-20 2F
電話　　(03) 5269-2041 (代) ［営業］
　　　　(03) 5269-6041 (代) ［編集］

※定価はカバーに表示してあります。

振替口座　00150-6-22510

印刷：シナノ印刷(株)

ISBN978-4-7775-2192-0